KB268204

남원 호경마을의 역사와 문화

지리산권문화연구단 마을총서01

남원 호경마을의 역사와 문화

2013년 5월 30일 초판 1쇄 펴냄

저 자 김아네스 · 최원석 · 김봉곤 · 강정화 · 김기주 · 전병철 · 한정훈
발행인 김흥국
발행처 도서출판 보고사

책임편집 이경민
표지디자인 윤인희

등록 1990년 12월 13일 제6-0429호
주소 서울특별시 성북구 보문동7가 11번지 2층
전화 922-5120~1(편집), 922-2246(영업)
팩스 922-6990
메일 kanapub3@naver.com
http://www.bogosabooks.co.kr

ISBN 979-11-5516-016-9 93300
ⓒ 김아네스 · 최원석 · 김봉곤 · 강정화 · 김기주 · 전병철 · 한정훈, 2013

정가 12,000원
사전 동의 없는 무단 전재 및 복제를 금합니다.
잘못 만들어진 책은 바꾸어 드립니다.

지리산권문화연구단 마을총서 01

남원 호경마을의 역사와 문화

김아네스 · 최원석 · 김봉곤 · 강정화 · 김기주 · 전병철 · 한정훈

보고사

서문

　　순천대 지리산권문화연구원과 경상대 경남문화연구원은 지난 2007년 지리산권문화연구단을 결성하여 '지리산권 문화 연구'라는 아젠다로 한국연구재단 인문한국사업에 선정되었다. 이후 지리산권문화연구단은 지리산권의 문학·역사·종교·생태·지리 등에 대한 총체적이고 통섭적인 연구를 진행하였으며, 그간의 연구 결과를 밑바탕으로 지리산을 유네스코 세계유산 잠정목록으로 등재하는 연구 용역(문화재청, 2011년)을 성공적으로 수행하기도 하였다.

　　이와 함께 지리산권문화연구단은 그간의 학술 성과를 토대로 '지리산학'을 정립하고, 더불어 연구의 깊이와 외연을 심화·확장하여 '한국의 산악문화 연구'의 메카로 거듭나기 위해 다각적인 방안을 모색하고 있다. 〈동아시아 산악문화 연구회〉의 결성과 '지리산권 마을 총서'의 발간은 이러한 노력의 일환이다. 지리산권문화연구단을 비롯하여 한국·중국·일본·베트남 등 동아시아 6개의 연구소가 참여하고 있는 〈동아시아 산악문화 연구회〉는 2011년 결성된 국제적인 학술기구로서, 한국 산악문화의 특징을 동아시아적 관점과 비교문화사적 맥락에서 고구(考究)하기 위해 지리산권문화연구단이 주도하여 창립한 기구이다. 아울러 '지리산권 마을 총서'는 마을 현장 조사를 통해 사료와 문헌, 그리고 유·무형의 문화적 자료를 발굴하고 그에 대한 연구 결과를 총서로 편찬하는 사업으로서, 지리산권 문화의 '현장'을 탐색하는 작업이자 학제간 연구의 유기성을 도모하기 위해 기획한 것이다. 『남원 호경마을의 역사와 문화』는 이 사업의 첫 성과로서 향후 '지리산학'과 '한국의 산악문화 연구'의 기틀이 될 것으로 기대한다.

남원 호경마을은 지리산 정령치(鄭嶺峙)와 만복대(萬福臺)를 동으로 하고 영제봉(靈帝峯)을 남으로 하여, 백두대간의 끝자락인 구룡계곡 주변에 자리 잡은 마을이다. 지리산 속에 있다고 하여 내촌(內村)으로 불리었다. 만복대에서 발원한 계곡의 맑은 물이 청아하게 흐르는 곳에 용호정과 육모정이 위치하고 있으며, 계곡 곳곳에는 석문이 산재해 있다. 또한 호경마을은 17세기 무렵 남원 원천동 동약이 시행된 곳으로 동약의 자치규약은 현재까지 이어지고 있으며, 아울러 마을에는 다양한 형태의 공동체 신앙이 전승되고 있다. 지리산이라는 천혜의 자연 공간 속에서 직조해 낸 삶의 무늬가 유·무형의 형태로 유전되고 있는 마을이 호경마을인 것이다.

『남원 호경마을의 역사와 문화』는 총 여섯 편의 글로서 구성되어 있다. 「호경마을의 역사적 변천」은 호경마을의 지방 행정 체계의 변화, 동리 구성, 호경리의 탄생, 역사 속의 호경마을 등을 통시적 관점에서 고찰하고 있다. 호경마을의 형성과 특성을 이해하기 위한 필수적인 내용이다.

「호경마을의 풍수」는 마을의 풍수적 입지와 문화경관을 조명한 글이다. 지리산권의 마을 풍수, 호경마을의 입지와 풍수, 그리고 풍수경관 등을 고찰하고 있다. 이 글은 지리산지의 전통마을을 대상으로 풍수를 본격적으로 살핀 첫 현지조사 성과물이라는 점에서 중요한 의의를 지닌다.

「남원 원천동 동약」은 1638년(인조 16) 호경과 인근 마을의 사족들이 중심이 되어 조직되어 이후 여러 차례 변모과정을 거쳐 현재까지도 운영되고 있는 원천동 동약을 대상으로 조직의 형성과 발달 배경, 변모 과정 등을 고찰한 글이다. 이 글은 사족과 평민들로 구성된 지리산 자락의 마을 조직의 형성과정과 그 운영원리를 체계적으로 밝힌 점에 그 의의가 있다.

「호경마을의 누정, 용호정과 육모정」은 구룡계곡의 구곡(九曲) 중 제2곡에 위치하고 있는 용호정과 육모정을 대상으로 형태 및 현황, 건립 및 변천 과정, 그리고 관련 기문 등을 고찰한 글이다. 각 누정과 기문에 대한 면밀한 고찰은 향후 지리산권 누정의 특징을 추출하는 데 유용하게 활용될 것으로 기대한다.

「호경마을의 석문」은 석문의 현황과 분포, 내용과 특징을 검토한 글로서 인간과 지리산, 인간과 자연이 상호 교류하고 있는 양상을 구체적으로 보여주고 있다. 호경마을의 용호구곡(龍虎九曲)과 주희의 「무이도가(武夷櫂歌)」를 조선조의 구곡문화(九曲文化)의 관점에서 비교하고 있는 점이 흥미롭다.

「호경마을의 고문헌 자료, 「용호구곡경승안내(龍湖九曲景勝案內)」」는 저자인 김사문(金思汶)의 생애와 활동, 그리고 「용호구곡승경안내」의 내용과 의미를 고찰할 글이다. 김사문의 「용호구곡경승안내」는 김사문이 평생 동안 이 지역에 살면서 직접 보고 느낀 경험과 축적된 지식에 근거하여 서술하고 있다는 점에서 남다른 가치를 지닌다. 더욱이 용호구곡에 관해 이처럼 자세한 기록이 이전에 없었다는 사실을 감안한다면, 이 자료가 지니는 의미는 더욱 크다고 말할 수 있다. 용호구곡의 곡명(曲名)·고적(古蹟)·전설 등을 이해하는 데에「용호구곡경승안내」는 가장 자세하고 풍부한 내용을 담고 있는 고문헌 자료이다.

「호경마을 공동체 신앙」은 마을에 전승되고 있는 다양한 형태의 공동체 신앙, 즉 가족제사·애도리제사·기우제·솟대·조탑에 대한 의례 등을 검토한 글이다. 이 글은 호경마을의 공동체 신앙이 산촌이라는 자연적 제약과 이성촌이라는 인문환경적 조건에서 파생된 각종 문제들을 해결하는 수단으로서 기능하고 있으며, 아울러 공동체 구성원의 결속을 유지하는데 효과적으로 기능하고 있음을 규명하고 있다.

이 여섯 편의 글은 마을 현장조사(2012. 9 ~ 2013. 3)의 1차 결과물이다. 2차 결과물로서 본서에 포함된 호경마을의 역사와 문화에 관한 내용은 물론 자연환경괴 설화와 민요, 전쟁 기억 등에 대한 조사 결과를 담은 마을지 출간을 앞두고 있다. 본서와 향후 출간될 마을지는 지리산권 문화의 구체적 보편성을 탐색하고, 한국 산악문화 연구를 위한 중요한 초석이 될 것으로 기대한다.

마지막으로 마을 현장 조사에 적극적으로 협조해주신 노국환 선생님과 여섯 분의 필자에게 감사의 말을 전한다.

2013. 5. 14.
순천대 지리산권문화연구원장 최현주
경상대 경남문화연구원장 장원철

목차

호경마을의 역사적 변천

김아네스

호경마을은 전라북도 남원시 주천면(朱川面) 호경리(湖景里)에 소재하고 있다. 이 마을은 남원시의 남쪽에 있는 주촌면의 동부에 위치한다. 호경마을의 주요 현황은 다음과 같다.

- 정의 : 전라북도 남원시 주천면 호경리 호경마을
- 위치 : 전라북도 남원시의 남부, 주촌면의 동부에 위치
- 면적 : 4.29제곱킬로미터
- 가구와 인구 : 64세대, 137명(남자 69명, 여자68명: 남원시통계자료 2010년 현재)

이러한 호경마을은 일제강점기 이전까지 남원 원천의 아래쪽에 있어서 하원천면(下元川面) 내촌(內村) 지역이 그 중심을 이루었다. 마을의 역사적 변천을 살펴보기 위하여 대체로 원천 내촌 지역의 변화에 주목하고자 한다.

1. 남원 원천부곡(原川部曲)에서 원천방(源泉坊)으로

남원 지역에 사람들이 살기 시작한 것은 석기시대부터였다. 구석기시대의 유물이 남원 대강면 방산리와 송동면 신평리, 아영면 갈계리, 주생면 제천리 등에서 수습되었다. 이곳에서 석기 편이 발견되었다. 신석기시대의 유적은 대산면 대곡리에 있으며 인월면 상우리에서 신석기 토기 등의 유물이 수습되었다.[1]

기원전 8세기 무렵에 이르면 남원에 청동기를 사용하는 부족이 등장하였다. 청동기시대 사람들은 앞선 석기인들을 흡수하면서 나라를 세웠다. 이른바 군장국가가 성립하였다. 이와 관련하여 남원 지역에 분포한 고인돌이 주목된다. 청동기시대 남원의 고인돌은 주천면 신기리와 은송리, 아영면의 갈계리·청계리·봉대리·고인리, 산동면 신기리, 보절면의 황벌리와 은천리, 송동면 세전리, 수지면 신정리, 대강면의 송대리·석촌리·사석리 등지에서 50여 기 이상을 확인할 수 있다.[2] 이 가운데 대산면의 섬진강 유역 충적지에 고인돌이 가장 밀집하여 나타난다. 이는 대강면 일대에 청동기시대 국가의 중심지가 있었던 것으로 풀이할 수 있다. 고인돌의 축조는 많은 인력의 동원이 필요한 국가적 사업이었다. 여기에 묻힌 사람은 정치적 권력을 소유한 것으로 볼 수 있다. 따라서 청동기시대 고인돌을 통하여 정치권력에 바탕을 둔 국가의 출현이 이루어졌던 것을 알 수

---

1) 전북대학교 박물관,『남원지방문화재지표조사보고서』, 1987 ; 전북대학교 박물관,『남원 대곡리유적』, 2003 ; 남원시·전북대학교 박물관,『남원문화유적분포지도』, 2004.

2) 국립전주박물관,『남원의 역사유물』, 2000 ; 남원시·전북대학교박물관,『남원문화유적분포지도』, 2004.

있다. 그것이 밀집한 대강면 일대에는 성을 쌓은 나라의 중심지가 있었을 것이다.

기원전 3세기 무렵에는 남원에서 철기가 사용되었다. 철기문화는 고조선이 망하고 한사군이 설치되면서 한반도 남부 지역에 급속하게 퍼졌다. 철기문화를 기반으로 이전보다 강력한 정치권력이 나타나면서 연맹왕국이 등장하였다. 전라도 지역의 연맹왕국은 마한이었다. 남원 지역은 삼한시대에 마한 영역에 속하였다. 마한 54개국 가운데 하나의 소국이 남원에 위치하였다. 이 소국이 남원의 최초 국가로 청동기시대에 출현하였다가 철기시대에 오면 마한 연맹에 소속하였던 것으로 보인다.

남원 지역은 삼국시대에는 백제의 영역에 속하여 고룡군(古龍郡)이라 하였다. 삼한시대에는 백제도 다른 54개 소국처럼 마한의 하나로서 성장하였다. 백제는 한강 가에 위치하여 북쪽에서 전해오는 철기와 선진 정치문화를 빠르게 흡수하면서 국가적 발전을 이루었다. 그 결과로 마한은 백제에 의하여 망하였다.[3] 이로써 남원의 소국은 사라지고 이 지역은 백제에 속하였다. 백제는 한성에 도읍하였다가 고구려의 남하로 웅진으로 천도하였다. 동성왕과 무령왕의 치세에 지방제도를 정비하였다. 지방에 22담로를 두었다. 남원도 22담로체제에 편입되었다. 그뒤 백제는 다시 남하하여 성왕이 사비로 도읍을 옮겼다. 성왕은 나라 이름을 남부여로 바꾸고 지방을 5방으로 재편하였다. 남원은 고룡군이라 불리면서 5방 가운데 어딘가에 포함되었을 것이다. 지리지를 통하여 고룡군의 변천을 살피면 다음과 같다.

---

3) 『삼국사기』23 백제본기1, 온조왕 27년 4월.

A-1. 남원소경(南原小京)은 본래 백제(百濟)의 고룡군(古龍郡)이었
다. 신라(新羅)는 이를 병합하여 신문왕(神文王) 5년(685)에 처음으로
소경(小京)을 설치했다. 경덕왕 (景德王) 16년(757)에 남원소경(南原小
京)을 설치했다. 지금은 남원부(南原府)이다.4)

A-2. 남원부는 원래 백제의 고룡군인데 후한(後漢) 건안(建安) 연
간에는 대방군(帶方郡)으로 하였고 위(魏)나라 때에는 남대방군(南帶
方郡)으로 하였으며 신라가 백제를 병합하자 당나라 고종(高宗)은 유
인궤(劉仁軌)를 검교 대방주 자사(檢校帶方州刺史)로 임명하였다. 신
문왕 4년(684)에 소경(小京)을 설치하였고 경덕왕 16년(757)에 남원소
경(南原小京)으로 고쳤다. 태조 23년(940)에 부(府)로 고쳤고 충선왕
2년(1310)에 다시 대방군으로 하였다가 뒤에 남원군으로 고쳤으며 공
민왕 9년(1360)에 부로 승격시켰다. 용성(龍城)이라고도 부른다. 지리
사(智異山)과 순자진(鶉子津)이 있고 이 부에 속한 군이 2개, 현이 7개
가 있다.5)

A-3. 본조 태종(太宗) 13년 계사(1413)에 예에 의하여 도호부(都護
府)를 삼았다.6)

660년(무열왕 7)에 나당연합군에 의하여 백제가 멸망당하였다. 삼
국통일 이후 신라는 685년(신문왕 5) 전국에 5소경(五小京)을 설치하
였다. A-1에 있듯이 이 지방은 5소경의 하나인 남원소경(南原小京)이
되었다. A-2에서는 통일 이전에 남원이 대방군 혹은 남대방군이었
던 것으로 서술하였다. 후한 헌제의 치세 건안 11년(206)에 낙랑군 남
부를 떼어내어 대방군을 삼았다. 이때 대방군이 남원에 설치되었던

---

4) 『삼국사기』36 지리지3, 신라 남원소경.
5) 『고려사』57 지리지2, 전라도 남원부.
6) 『세종실록지리지』 전라도 남원도호부.

것으로 보았다. 이는 역사적 사실과는 거리가 멀었다. 대방군은 황해도 지역에 설치되어서 한강 이북에 있었다. 아마도 통일전쟁기 당나라에서 유인궤에게 남원지방의 '검교 대방주 자사' 직을 제수한 것을 소급하여 역사적 사실처럼 부회한 것이 아닐까 한다.

통일기 신라의 5소경은 동서남북과 중앙의 방향에 맞추어 설치되었다. 왕경인 경주가 신라의 영토 동남쪽에 치우쳐 있었기 때문에 이를 보완하기 위하여 소경을 두었다. 5소경은 원래 신라의 영역이 아니었던 곳으로 왕경의 귀족을 이주시키기도 하였다. 남원소경에는 옛 고구려의 귀족을 이주하도록 하였다. 고구려 유민을 통하여 남원소경에서는 왕산악(王山岳)의 현금이 신라에 전해졌다. 이러한 소경에는 장관으로 사대등(仕大等)이 파견되었다.

A-2를 보면 고려시대 남원의 지방제 변화를 알 수 있다. 태조가 후삼국을 통일한 뒤 940년(태조 23)에 남원부(南原府)로 개칭하였다. 1310년(충선왕 2) 대방군이라 불렀다가 1360년(공민왕 9)에 다시 남원부로 복구하였다. 남원부에는 2개의 속군(屬郡)과 7개의 속현(屬縣)이 있었다. 남원부의 속군은 임실군과 순창군이었으며 속현은 장계현, 적성현, 거녕현, 구고현, 장수현, 운봉현, 구례현 등이었다. 고려시대의 지방제는 지방의 중심지에 외관을 파견하여 인근의 속군현을 아울러 지배하도록 하는 것이었다. 남원부에는 지남원부사(知南原府使)를 파견하여 남원부와 그 속군현 9곳을 다스리게 하였다. A-3을 보면 조선에서는 1413년(태종 13)에 이 지방을 남원도호부라고 하여서 1군 9현을 관할하게 하였다.[7]

---

7) 남원도호부에서 관할한 郡이 1곳이니, 淳昌이요, 縣이 9곳이니, 龍潭・求禮・任實・雲峯・長水・茂朱・鎭安・谷城・光陽 등이었다.

남원의 원천 지역은 조선 초기까지 부곡(部曲)이었다. 원천부곡에 관하여는 조선시대 지리지의 기록을 참조할 수 있다.

> B-1. 향(鄕)이 10이니, 보유(寶有)·거리(居利)·덕성(德城)·백파(白波)·수도(守道)·아인(阿仁)·도지(道知)·경도(京徒)·남안(南安)·미아(未阿)요, 소(所)가 10이니, 소화척(所火尺)·신내하(申內河)·두가(豆加)·금성(金城)·용봉(龍峯)·웅음(熊陰)·기어천(岐於淺)·치등보(置等保)·양천(陽川)·흥복(興福)이요, 부곡(部曲)이 4이니, 원천(原川)·금안(金岸)·산동(山洞)·고정(古丁)이다.[8]
>
> B-2. 원천부곡(源川部曲) 부의 동쪽 20리에 있다.[9]

B-1의 『세종실록지리지』를 보면 남원에는 향(鄕), 소(所), 부곡(部曲)이 여럿 있었다. 이 가운데 부곡에 관한 내용을 살피면 원천(原川)·금안(金岸)·산동(山洞)·고정(古丁)의 4부곡이 있었던 것을 알 수 있다. B-2에 있듯이 『신증동국여지승람』의 남원부 고적 조에서는 남원부 동쪽 20리에 원천부곡(源川部曲)이 있었던 것으로 기술하였다. 조선 초 이전부터 원천부곡이 설치되어서 원천이라는 지명이 사용되었던 것을 알 수 있다.

부곡은 향, 소와 더불어 지방의 특수행정구역을 가리킨다. 부곡은 삼국시대부터 있었다. 『삼국사기』 지리지에서 "이른 바 향, 부곡 등의 잡소는 모두 수록하지 않는다"라고 하였다.[10] 삼국시대에 향, 부곡 등이 있었는데 구체적인 목록은 살필 수 없다. 『신증동국여지승

---

8) 『세종실록지리지』 전라도 남원도호부.
9) 『신증동국여지승람』39, 전라도 남원도호부, 고적.
10) 『삼국사기』34 지리지1, 신라.

람』여주목(驪州牧) 고적 등신장(登神莊) 조에는 그 설치 배경에 관한 내용이 있다. "이제 살펴보건대 신라가 주(州)·군(郡)·현(縣)을 설치할 때 전정(田丁)이나 호구(戶口)가 현이 될 수 없는 곳에는 향 또는 부곡을 두어 그 소재하는 읍에 속하게 하였다."11) 부곡은 신라에서 주군현의 지방제도를 실시하면서 토지나 인구가 현의 규모에 미치지 못한 곳에 설치하였다. 고려시대 부곡은 전국에 걸쳐서 분포하였다. 각종 지리지를 살피면 충청도, 전라도, 경상도의 남부지방에 상당수가 분포하였다. 전국적으로 부곡은 431곳이 있었는데 이 가운데 충청도에 70곳이 있었고, 경상도에 233곳, 전라도에 88곳이 있었다.

지리산 일대는 인구의 규모가 그다지 많지 않은 고을이 산재해 있었을 가능성이 크다. 지리산권의 부곡을 『세종실록지리지』와 『신증동국여지승람』을 통하여 살피면 다음과 같다.

> ·남원도호부 : 금안부곡(金岸部曲, 서 30리) 원천부곡(源川部曲, 동 20리) 산동부곡(山洞部曲, 남 45리) 고정부곡(古丁部曲, 북 40리)
> ·운봉현 : 아요곡부곡(阿要谷部曲, 북 15리)
> ·구례현 : 사등촌부곡(沙等村部曲, 동 5리) 유곡부곡(楡谷部曲, 서 15리)
> ·산음현 : 개품부곡(皆品部曲, 서북 25리)
> ·단성현 : 송계부곡(松界部曲, 북 25리) 문을부곡(文乙部曲, 서 9리)
> ·함양군 : 공안부곡(功安部曲, 동남 13리) 고안부곡(高安部曲)
> ·곤남군 : 유실부곡(有實部曲)
> ·진주목 : 화개부곡(花開部曲, 서 126리) 살천부곡(薩川部曲, 서 81리) 가차례부곡(加次禮部曲, 남 10리) 어아부곡(於牙部曲, 남 10

---

11) 『신증동국여지승람』7, 경기 여주목, 고적 등신장.

리) 침곡부곡(針谷部曲, 서 15) 율곡부곡(栗谷部曲, 서 30리) 부곡
부곡(釜谷部曲, 북 5리) 월아부곡(月牙部曲, 동 15리) 대야천부곡
(大也川部曲, 서 40리)

이처럼 지리산 인근에 위치한 남원, 운봉, 구례, 산음, 단성, 함양,
곤남, 진주에는 각 군현마다 1~9개 부곡이 소속되었다. 이 부곡은
신라와 고려시대에 설치한 것이었다. 지리산 인근은 산지 지역이기
때문에 평야지대에 비하여 상대적으로 인구가 많지 않았던 것으로
보인다. 이에 따라 남원, 운봉, 구례, 진주, 함양 등의 산지에 가까운
지역으로 부곡을 설치한 곳이 나타났던 것이 아닐까 한다.

원천부곡은 신라 또는 고려시대에 설치되었다. 신라 때부터 부곡
이 있었다. 앞서 보았듯이 인구나 토지가 현을 설치하기에 부족한 경
우에 고을을 부곡으로 삼았다. 부곡은 소규모의 지방행정 단위이었
다. 그러다가 신라 말 고려 초 후삼국 통일전쟁기에 부곡이 집중적으
로 형성되었다. 고려 태조의 명을 어긴 사람들을 역(驛), 진(津), 부곡
(部曲)의 주민으로 삼아서 천한 역(役)을 지도록 하였다.[12] 고려 초
반왕조적인 행위 때문에 부곡이 발생하기도 하였던 것이다. 혹은 흉
년이나 가혹한 조세수취, 전란 등으로 군현의 일부 주민들이 이동함
으로써 부곡이 형성되기도 하였다. 원천부곡이 어떠한 계기로 설치
되었는지 단정할 수 없다. 고려 초 남원 일대는 후백제의 영토이었
다. 이 때문에 고려에 저항하였던 지역으로 분류되어서 부곡이 되었
을 수 있다. 또는 남원의 일부 주민들이 사회 경제적 어려움을 피하
여 새로운 경작지를 찾아서 이주하면서 부곡이 형성되었을 가능성도

---

12) 『태조실록』1, 태조 1년 8월 기사.

있다. 어느 경우이든 원천부곡은 군현에 비하여 소규모의 인구 또는 경지를 가진 고을의 하나이었다.

고려시대 부곡의 주민은 크게 부곡리(部曲吏)와 일반 부곡민으로 구성되었다.[13] 부곡리는 부곡의 향리로서 지방행정의 실무를 맡았다. 대부분의 부곡 주민들은 농업 생산에 종사하였다. 그리고 부곡민들은 중앙정부에 조세를 납부하고 공역을 부담하였다. 이들은 공민(公民)으로서 양인(良人) 신분이었다. 이 점에서 군현에 거주하는 양인 농민과 비교하여 그 신분과 법적인 지위가 크게 다르지 않았다. 다만 고려에서는 부곡의 주민에게 부가적으로 특정한 역을 부담하게 하였다. 예컨대 부곡의 주민들은 국가 직속지인 둔전(屯田)이나 공해전(公廨田) 등을 경작하였다. 때때로 요충지에 성을 축조하는 역을 부담하기도 하였다. 이 점에서 군현의 양민 농민에 비하여 상대적으로 사회 경제적 지위가 낮았던 것으로 볼 수 있다.

고려 후기부터 부곡은 점차 사라졌다. 일부 부곡이 군현으로 승격되는 변화가 나타났다. 한 곳의 부곡이 군현으로 승격되거나 혹은 몇몇 부곡을 통합하여 군현이 되기도 하였다. 대부분의 부곡은 본래 소속된 군현에 흡수되어 직할촌이 되었다. 부곡이 인근의 다른 군현에 흡수되기도 하였다. 조선 초에 이르면 대부분의 부곡이 사라지게 되었다. 1454년(단종 2)에 편찬한 『세종실록지리지』를 보면 이때까지 존속한 부곡은 68곳에 지나지 않았다. 1530년(중종 25)에 『신증동국여지승람』을 편찬할 때까지 부곡으로 남았던 지역은 14곳이었다. 이 가운데 지리산권의 화개부곡과 살천부곡이 있었다.

---

13) 고려시대 부곡제에 관하여는 박종기, 『고려시대 부곡제연구』, 서울대학교출판부, 1990 참조.

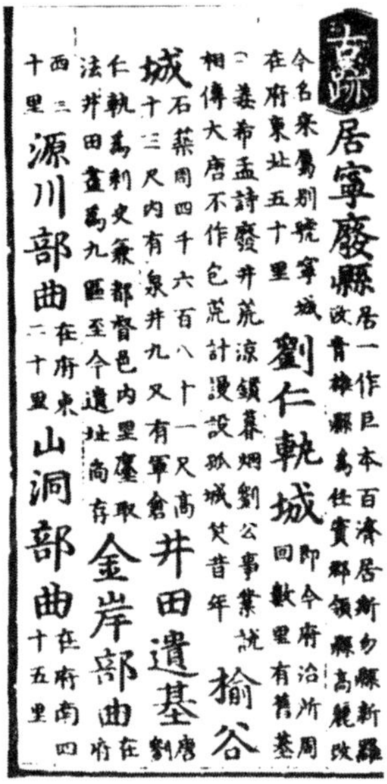
古跡
居寧廢縣 居一作巨本百濟居斯勿縣新羅改青雄縣為任實郡領縣高麗改今名未詳別號寧城在府東北五十里
劉仁軌城 即今府治所周回數里有舊基 ○姜希孟詩發井荒涼鎖暮烟劉公事業說相傳大唐不作包荒計謾設孤城焚昔年
揄谷城 石築周四千六百八十一尺高十三尺內有泉井九又有軍倉
井田遺基 唐劉仁軌為刺史兼都督邑內里廛取法井田畫為九區至今遺址尚存
金岸部曲 在府西二十里
源川部曲 在府東二十里
山洞部曲 在府南四十五里

그림1. 『신증동국여지승람』 원천부곡 기록

조선에서는 대부분의 부곡을 폐지하여 소속 부군현의 면(面)이나 방(坊), 동리 등으로 편제하였다. 원천부곡은 남원도호부의 원천방(源泉坊)이 되었다. 원천부곡이 폐지된 것은 15세기 중반 무렵으로 여겨진다. B-1의 『세종실록지리지』 남원도호부 조에서는 그 소속 부곡으로 '원천부곡'을 수록하였다. 이를 보면 조선 초 세종대까지 원천부곡이 존속하였던 것이다. 그런데 B-2의 『신증동국여지승람』 남원도호부에서는 원천부곡을 고적(古跡) 조에서 소개하였다. 고적 조에서는 예전에 해당 군현에 소속하였던 속현, 향, 소, 부곡으로 폐지한 곳을 수록하였다. 『동국여지승람』을 편찬할 때에 이르면 이미 원천부곡이 폐지되었던 것이다.

조선 후기에 편찬한 남원의 읍지 『용성지龍城誌』를 보면 남원은 크게 읍내(邑內)와 동서남북의 4면으로 나누어 45개의 방으로 구성되었다. 이 가운데 남원도호부의 동면 원천방(源泉坊)에 20개의 마을이 있었고 남면 주촌방(朱村坊)에 10개의 마을이 있었다.14)

당시 원천방 소재 산천으로 원천(源川), 영제봉(靈祭峯), 용추동(龍湫洞), 용궁폭포(龍宮瀑布) 등이 있었고, 주촌방에는 구례로 통하는 남율치(南栗峙)가 있었다. 원천방 부근의 역원으로는 원천원(源川院)이 있었는데 숙종대 이전에 폐지되었다. 교량으로는 원천방에 궁장교(弓藏橋), 우교(牛橋)가 있었고 인근 주촌방에는 주산교(酒山橋), 즉치암교

14) 『용성지』 권1, 坊名.

(卽淄岩橋), 장항교(獐項橋) 등이 있었
다. 제언(堤堰)으로 원천방축(源川坊
築)이 설치되어서 원천방에서 수리시
설로 이용하였다. 그 이전에 있었던
고적으로는 원천방 숙성령 북쪽에 군
포정(軍鋪亭)이 있었고, 군포정 아래
폭포에 관기들이 놀러와 빠져 죽은
여기방축(女妓防筑)이 있었다.

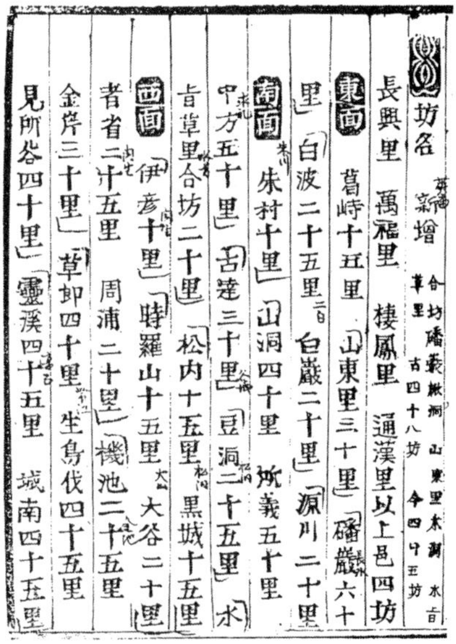

2. 원천 지역의 마을 구성

그림2. 『용성지』 원천방 기록

원천 지역은 여러 동리로 구성되
었다. 이 장에서는 원천과 인근 주촌의 마을 구성에 관하여 살피고자
한다. 조선시대 원천방과 주촌방 소속 동리의 일부가 오늘날 호경마
을을 이루었기 때문이다. 조선 영조대 간행한 『여지도서(輿地圖書)』
남원부 편에 따르면 원천방과 주촌방은 남원부의 관문으로부터 20리
떨어진 곳에 위치하였다. 1789년(정조 13)에 펴낸 『호구총수(戶口總數)
』에서는 원천방의 동리 구성과 호(戶) 및 인구의 숫자를 살필 수 있
다. 원천방(源川坊)에는 황령리(黃嶺里) 고촌리(高村里) 수침리(水砧里)
노치리(蘆峙里) 내촌리(內村里) 내룡궁리(內龍宮里) 외룡궁리(外龍宮里)
무수동리(無愁洞里) 송치리(松峙里) 행정리(杏亭里) 신기리(新基里) 학
암리(鶴巖里) 평촌리(坪村里) 호곡리(虎谷里) 내기리(內基里) 용진리(龍
津里) 등 16개 리가 있었다. 원천방 소속 동리의 하나로 내촌리가 있

원천방의 동리 호구 기록(그림)

源川坊

戶口總數 第六冊 全羅道

黃嶺里 高村里 水砧里 蘆峙里 官里 外龍宮里 無愁洞里 松峙里 杏亭 龍官里 鶴巖里 坪村里 龍津里 新基里 内基里 虎谷里

元戶 三百八十七 口一千二十二 男五百三十 女四百九十二

그림3. 『호구총수』 남원 원천방의 동리 호구 기록

었던 것을 확인할 수 있다. 당시 원천방의 전체 호(戶) 수는 387호이었고, 인구는 1022명으로 남자가 532명이고 여자가 490명이었다. 주촌방(朱村坊)의 동리 구성을 보면 웅치리(熊峙里) 치촌리(峙村里) 덕촌리(德村里) 상주역리(上周易里) 하주역리(下周易里) 평촌리(坪村里) 송기리(松基里) 술산리(述山里) 비안정리(飛鴈亭里) 양지리(陽地里) 등의 10개 리가 있었고, 248호에 인구는 1,028명(남 524, 여 504)이었다.

1750년대 초반에 제작한 『해동지도』 남원 편을 보면 '원촌방'과 '주촌방'이 표시되어 있다. 그 주기에 따르면 "원천방은 초경(初境)이 10리이고 종경(終竟)이 50리이다. 주촌방은 초경이 7리이고 종경이 25리이다"라고 서술하였다. 이 지도에서 원천방은 덕음봉(德陰峰) 아래에 있으며, 주촌방은 율치험액(栗峙險阨)의 골짜기를 끼고 있는 것으로 그려져 있다. 1800년 이전에 제작한 전국 군현 지도집 『광여도(廣輿圖)』에서도 남원의 원천방과 주촌방이 표기되었다.

그 뒤 원천방은 상원천방과 하원천방으로 나뉘었던 것으로 보인다. 『1872년 지방지도』 가운데 남원부지도 편을 보면 상원천과 하원천을 따로 표시하였다.

1897년에 전국을 13도로 편제하면서 방을 면으로 개정하였다. 이 때 원천방 지역은 상원천면, 하원천면이 되었다. 이 세 면의 동리 구성을 보면 다음과 같다.

그림4. 『해동지도』 남원 원촌방, 주촌방

· 하원천면(下元川面): 내촌(內村) 상송치동(上松峙洞) 하송치동(下松峙洞) 외용궁동(外龍宮洞) 무수동(無愁洞) 외평리(外坪里) 안곡동(安谷洞) 신기리(新基里) 행정리(杏亭里) 호곡동(虎谷洞) 용담리(龍潭里) 신촌(新村) 호정동(湖亭洞) (13)

· 상원천면(上元川面): 회덕동(會德洞) 내기동(內基洞) 달궁리(達宮里) 노치촌(蘆峙村) 고촌(高村) (5)

· 주촌면(朱村面): 하주리(下周里) 서송촌(西松村) 외서송촌(外西松村) 동송촌(東松村) 배촌(盃村) 세현동(細峴洞) 덕촌(德村) 함파동(含波洞) 어동(漁洞) 술산촌(述山村) 비안정리(飛鴈亭里) 양촌(陽村) 상주리(上周里) 동송기리(東宋基里) (14)

그림5. 『광여도』 남원 원천방, 주촌방

　하원천면에 내촌을 비롯하여 13개의 동리가 있었고 상원천면에는 5개의 동리가 있었으며 주촌면에 14개의 동리가 있었다. 이러한 면리 구성은 1912년에 작성한 『구한국지방행정구역명칭일람』에 보이는 내용이다. 이는 일제가 1914년 지방행정구역을 대대적으로 개편하기 전까지의 사정을 보여준다. 세 면의 중앙에 하원천면이 있었다. 그 뒤 일제의 면리 통폐합정책으로 하원천면 내촌를 중심으로 한 주천면 호경리가 만들어졌다.

그림6. 『1872년 지방지도』 남원 상원천, 하원천

3. 호경리의 탄생

남원시 주천면 호경리는 1914년 4월 1일 지방행정구역의 통폐합으로 탄생하였다. 남원군의 하원천면(下元川面) 내촌(內村)과 호정리(湖亭里)의 일부를 합하여서 호경리라고 일컬었다. 당시 동리의 명칭은 호정리의 첫 글자 '호(湖)'를 따고, 내촌리의 풍광이 아름답다는 뜻에서 '경치 경(景)'을 써서 호경리로 정하였다. 호경리는 같은 1914년 4월에 남원군 주촌면(朱村面)과 상·하원천면(上下元川面) 등을 합하여 만들어진 주천면에 편입되었다. 주천면의 명칭은 주촌면의 첫 글자 '주'와 원천면의 '천'자를 따서 지었다. 이처럼 주천면 호경리의 탄생은 1914년 일제가

지방행정구역을 개편한 결과이었다.

일제의 초기 지방지배 정책의 방향은 면을 최하급 행정기관으로 삼고 면의 행정력을 강화하는 것이었다.[15] 1910년에 〈조선총독부지방관관제(朝鮮總督府地方官官制)〉를 칙령 357호로 공포하여 지방행정의 단위를 도(道), 부(府), 군(郡), 면(面)으로 하고 13도 12부 317군 4,408면으로 이루어지는 지방행정체계를 확정하였다. 지방행정에서 면이 말단 행정기구로 법제화되었으며 면에 대한 상급행정기구가 일원화되었다. 각 면의 판임관 대우직인 면장을 도장관이 임명하게 하였다. 이전까지 면장은 면히의 추천으로 임명하는데 이를 고치었다. 자치적 성격의 면회를 인정하지 않고 면의 행정 기능을 강화하고자 하였다. 이와 더불어 면을 구성하는 동리에 관하여는 자치적 요소를 인정하지 않았다. 동장(洞長), 이장(里長)의 급여를 없애고 동리장은 면장의 지휘감독을 받아서 동리 안의 사무를 보조하게 하였다.

이후 일제는 토지 조사 사업과 지방행정의 재정적 안정화를 위하여 각 지방행정 단위를 통폐합하고 그 구획을 명확히 획정하는 작업을 시도하였다. 행정구획의 통폐합 조치는 1913년 1월 각 도 내무부장회의에서 총독의 지시 아래 1년 여 동안 준비한 뒤 1914년 3~4월에 실시하기로 하였다. 일제는 당시의 부, 군, 면의 행정구획이 구한

下元川面	上元川面	朱村面
內村 上松峙洞 下松峙洞 外龍宮洞 無幾洞 外坪里 安谷洞 新基里 杏亭里 虎谷洞 龍潭里 新村 湖亭洞 (一三)	會德洞 內基洞 達宮里 蘆峙村 高村 (五)	飛鳳亭里 陽村 上周里 東宋基里 (一四) 細睍洞 德村 舍波洞 漁洞 逮山村 下周里 西松村 外西松村 東松村 盃山村

그림7. 『구한국지방행정구역명칭일람 (1912)』 남원군 하원천면, 상원천면, 주촌면

---

15) 김익한, 「1910년대 일제의 지방 지배 정책 -행정구획 통폐합과 면제를 중심으로」, 『사회와 역사』50, 1996 참조.

국정부시대의 구획을 답습한 것으로 지역, 호구, 경제력 등에 심한 차이가 나기 때문에 문제를 초래한다고 하였다. 면민들 사이에 부담의 차이가 커서 행정사무의 집행에 지장이 있으므로 폐합정리가 필요하다는 것이었다. 통폐합의 목적은 구획의 지리적 불균등과 세부담의 불균등을 해소하여 시정상 편의와 경비의 절감을 꾀한다는 데 있었다. 군의 경우 40방리 10만 명을 기준으로 삼고, 면은 4방리 800호를 기준으로 통폐합 조치를 시행하고자 하였다.

부군면의 통폐합 준비를 마친 조선총독부는 1914년 부군의 통폐합을 3월 1일부터 실시하고 면의 통폐합은 4월 1일을 기하여 실시하기로 발표하였다. 이러한 부군면 통폐합 정책을 실시한 결과 전국의 317개 군을 220개로 줄였다. 종래 4,336개의 면을 2,522개로 통폐합하였다. 면을 구성하는 동리에 대한 통폐합과 정리는 1914년 4월부터 점차 도 별로 진행하였다. 전라북도의 경우 28개의 군이 22개로 줄었고 449개의 면은 275개가 되었다. 그 이전까지 남원군에는 44개 면과 344개의 동리가 있었다. 그런데 1914년 4월 남원군에 운봉군을 통합하였고, 남원군 전체에 20개의 면과 186개의 동리가 남았다.

일제는 기존의 자치조직을 무력화하고 행정기구를 강화하여 지방지배체계를 확립하고자 하였다. 자치 기반이 강하였던 면회나 동회를 인정하지 않아서 주민을 중심으로 한 자치조직의 기능을 약화시켰다. 동리장을 무급직으로 만드는 대신에 면서기의 숫자를 늘려서 면 단위의 행정력를 강화하려 하였다. 이러한 일제의 통치 방침에 따라서 3개의 면을 통합하여 주천면이 탄생하였고, 2개의 동리를 합하여 호경리가 생겼다. 1914년 4월 1일 이후 주천면에 소재한 동리는 호경리를 비롯하여 노암리(鷺岩里) 어현리(漁峴里) 주천리(周川里) 배덕리(盃德里) 송치리(松峙里) 은송리(銀松里) 고기리(高基里) 덕치리(德峙里) 신촌리(新村里) 용담리(龍潭里) 호기리(虎基里) 장안리(長安里) 용궁리(龍宮里) 등 14개이었다. 1931년에 남원면이 남원읍으로 승격한 뒤 1935년에 노암리를 남원읍에 편입하여서 주천면은 13개의 리로 구성되었다.

1945년 광복 이후 대한민국 정부는 일제시기에 편성한 지방행정구역을 대체로 유지하였다. 부분적으로 읍면과 동리의 조정이 이루어졌다. 1983년 2월에 전국 행정구역의 조정에 따라서 주천면의 어현리와 신촌리가 남원시에 편입되었다. 그러다가 남원군 주천면의 호경리는 1995년 1월 1일에 도농복합시 제도를 시행함에 따라서 남원시와 남원군을 통합함으로써 남원시 주천면 호경리가 되었다.

호경리는 남원의 남부에 자리 잡고 있으며 주촌면의 동부에 위치하였다. 마을 앞으로 원천천(元川川)이 흐르며 뒤로 산지가 위치한다. 자연마을로는 가운데몰, 내촌, 아랫몰, 웃몰, 뒷들, 두루봉, 양호정 등이 있다. 가운데몰은 내촌의 가운데에 위치한 마을이다. 내촌은 호경리에서 으뜸가는 마을로 호경리의 제일 안쪽에 위치해 있다. 아랫몰은 내촌 아래쪽이 되는 마을이며 웃몰은 내촌 위쪽에 위치한 마을이다. 뒷들은 내촌의 동남쪽에 있었으며 양호정은 내촌 서북쪽에 위치하였고, 그 동남쪽에 두루봉이 위치하였다.

4. 역사 속의 호경마을

조선시대 남원도호부 원천방 소속 동리 가운데 내촌리가 있었다.

사진1. 호경회관-호경리 노인 회관

내촌리가 언제부터 형성되었는지 그 정확한 시기는 알 수 없다. 대체로 1680년 무렵 경주 정씨(慶州鄭氏)가 생활의 터전을 찾다가 산세가 수려하며 물이 깨끗하고 맑은 이곳에 머물며 살았던 것으로 전해진다.[16] 17세기 후반 이전까지 원천방 내촌리에 마을이 형성되지 않았는지는 분명하지 않다. 앞서 보았듯이 원천방은 이전까지 원천부곡이었다. 원천부곡의 마을 구성에 관하여 자세히 알 수 없지만 그 중심지에 해당하는 곳에 내촌 마을이 형성되었을 가능성이 없지 않다. 관련 기록이 없기 때문에 단언할 수 없지만 이전부터 원천의 중심지에 해당하는 내촌에는 주민이 살았으며 임란 이후에 인구 구성에 변동이 생기지 않았을까 한다. 대체로 이후 내촌리에 세거하던 주민의 선대가 늦어도 17세기부터 이 마을에 입촌한 것으로 볼 수 있을 것이다.

---

16) 윤천기, 「호경리」(디지털남원문화대전 http://namwon.grandculture.net).

그 후 연안 김씨(延安金氏) 풍천 노씨(豊川盧氏)와 밀양 박씨(密陽朴氏) 등이 들어와 여러 성씨가 마을을 형성하였다고 한다. 처음에는 원천천을 따라서 들봉 양호정을 지나 솔밭거리 부장터 부근에 마을이 들어섰으며 점차 가구와 인구가 늘어났다.

남원의 원천 지역을 배경으로 일어난 역사적 사건으로는 정유재란 때 의병 활동을 들 수 있다. 솔정자를 중심으로 의병이 군사 훈련을 하였고 왜적을 물리쳤다는 전설이 내려온다. 전해오는 이야기에 따르면 솔정자의 소나무에 화살을 걸어놓고서 밤재를 넘어오는 왜적을 화살로 쏘아 적을 물리쳤다고 한다. 남원 출신의 조경남(趙慶男, 1570~1641)은 1592년(선조 25)에 임진왜란이 일어났을 때 의병을 일으켜 활약하였다.[17] 그는 남원 원촌방 출신으로 '산서(山西)'라는 호를 사용하였는데 시리산 시쪽에 살았다는 뜻에서이었다. 그가 의병활동에 나선 것은 1597년(선조 30)에 정유재란이 일어났을 때였다. 8월 초 왜군이 남원에 들어왔을 때 조경남은 친척 80여 명을 이끌고 지리산으로 피난하였다. 8월 16일에 남원성이 적에게 함락되었다.

9월 23일에 조경남은 20여 명의 군사를 데리고 이백면 지역의 궁장원(弓藏院) 전투에서 56명의 적을 사살하였다. 불우치에 병사를 매복하는 계책을 쓰며 왜적과 접전 끝에 전과를 올렸다. 궁장치에 이르러 학성군 김완·박언량 등과 함께 적을 쳐서 대파하였다. 또한 10월 9일 산동촌(山洞村)에서 왜군 400여 명을 상대한 전투에서 전 초계군수 정이길이 조직한 의병부대의 출전장으로 참여하였다. 이 전투에서 적을 추격하여 세 군데에 병사를 매복시켜놓고 밤에 왜군의 군막

---

17) 조경남에 관하여는 정구복, 「『난중잡록』의 사학사적 고찰」, 『한국사학사학보』23, 한국사학사학회, 2011 참조.

을 공격하니 이에 놀란 적병들이 도망갔다. 조경만은 도망가는 왜군을 추격하여 200여 명을 목베었다. 이 무렵 원천 내촌에서도 전공을 올렸을 것으로 보인다. 조경남은 정유의 난에 원천(源川)의 산중으로 들어가 적을 유인하여 사살한 것이 헤아릴 수 없다고 전한다.

또한 원천 지방에는 조선 중기에서 후기까지 사회사를 알려주는 귀중한 자료로 원동향약이 내려오고 있다.[18] 원동향약은 1572년(선조 5)에 원천의 선비들이 설립하여 420여 년간 계승한 것으로 보인다. 1638년(인조 16)에 작성한 『원천동안(源泉洞案)』과 1675년(숙종 1), 1745년(영조 21), 1780년(정조 4)에 만들어진 『표창록』등 20여 권이 전하고 있다. 현재 전해지고 있는 원천동약과 관련한 문서로는 『원천동안(源泉洞案)』『원천동약중수안(源泉洞約重修案)』(1666, 1667)『향약좌목(鄕約座目)』『원천동약동수안』(1765, 1776, 1781)『위로연기(慰老宴記)』『원천사계안(源泉射契案)』『원천동향약안(源泉洞鄕約案)』『원천원동수안(源泉元洞修案)』『원동계안(源洞契案)』『용호계안(龍湖契案)』『원동계용호시사(源洞契龍湖詩社)』『용호정중건계안(龍湖亭重建契案)』『원동계안(源洞契案)』『원동계용호시사(源洞契龍湖詩社)』『원동계안(源洞契案)』『원동향약계중수안(源洞鄕約契重修案)』등이 있다.

원동향약 관련 문서에서는 내촌을 비롯한 원천에 살았던 조선 후기 선비에 관하여 살필 수 있다. 향약은 본래 향촌규약이라는 뜻으로 미풍양속과 상부상조를 권장하기 위하여 만든 향촌의 사회조직이었다. 넓게 보아서 일향약속(一鄕約束), 향약계(鄕約契), 향안(鄕案), 동약(洞約), 동계(洞契), 동안(洞安), 족계(族契), 약속조목(約束條目) 등의

---

18) 원동향약에 관하여는 전라북도 편, 『남원원동향약』, 전북향토문화연구회, 1994 참조.

다양한 의미로 쓰였다. 원동향약은 동계회의 성격으로 조선 중 후기부터 지속되었다. 임진왜란 후 복구를 위하여 지역 전체 주민이 협력해야 한다는 필요에 따라서 상하 합계가 요망되었고, 상하를 망라한 만큼 수효가 방대하여 군현 단위로는 그 조직이 어려웠다. 이 때문에 몇 개의 자연마을을 합친 동리 단위의 동계가 출현하였다. 원동향약도 역시 원천의 여러 동리 선비와 주민을 중심으로 결성한 것으로 여겨진다. 이 원동계의 계회(楔會)는 근현대에 이르러서도 계속되었다. 일제시대와 6.25 전쟁 무렵에도 모임을 이어가 효자 표창 등 부조권선(扶助勸善)의 맥을 이어오고 있다.[19]

현대사의 전개와 관련하여 호경마을은 지리산 빨치산의 활동무대이었다. 빨치산은 1945년 해방 이후부터 1950년 6.25 전쟁을 전후하여 유격전을 수행한 공산 비정규군을 가리킨다. 지리산 일대는 여수 순천 사건과 6.25전쟁을 전후하여 빨치산 활동의 중심지가 되었다. 호경마을 인근의 지리산 뱀사골에는 빨치산 본부가 있었다. 1951년에는 정부와 미군이 남원에서 운봉으로 가는 지리산 길목인 남원 동초등학교(현재 월락초등학교)에 백야전전투사령부(白野戰戰鬪司令部)를 설치하여 유격대 토벌작전을 펼쳤다.[20]

이러한 역사적 사건의 무대가 되었던 호경마을에는 지리산 빨치산 보급 투쟁과 관련한 일화가 전한다. 주민 노국환 씨(1944년생, 남)의 기억에 따르면 빨치산들이 집집마다 곡식이나 식생활에 필요한 물건들을 가지고 지정한 장소에 집결하였다고 한다. 일부 부락에 있는 어

---

19) 원동향약 관련 문서에 대한 기초적 검토와 분석은 오병무, 「남원원동향약에 관하여」, 『남원원동향약』, 전북향토문화연구회, 1994 참조.
20) 육군본부 편, 『한국전쟁과 유격전』, 1994 참조.

른을 데리고 와서 모집한 물건들을 나누어 등에 짊어지고 새벽에 지리산으로 향하여 올라가기도 하였다.[21] 현재 그 진위를 확인할 수 없으나 남원군 일대에서 빨치산들이 벌인 학살과 보급 투쟁은 산간 주민들의 삶에 큰 고통을 주었다. 국군과 경찰에 의하여 양민을 죽이는 일도 일어났다. 전쟁과 관련한 아픈 상처는 호경마을 주민들의 기억에 살아있다.

---

21) 지리산권문화연구단, 『향약과 선비문화의 고장, 내촌마을: 중간보고서』, 2003, 74~76쪽(전쟁기억담) 참조.

호경마을의 풍수

최원석

풍수는 토지이용과 수자원 이용, 주택과 취락의 조성, 지형의 해석, 경관의 창출, 그리고 공간지각과 같은 한국인의 문화전통에 깊이 관여하고 있으며, 전국에 그 현장과 설화가 남아있다. 호경마을의 경우에도 풍수적으로 좋다는 조건이 마을의 입지에 큰 요인으로 작용하였고, 주민들은 마을의 지형을 풍수적으로 지각하고 해석하였으며, 그로 인하여 풍수경관 및 돌탑 등의 비보(裨補)가 만들어졌다. 풍수적인 공간지각을 한 마을주민들에 의해 마을 곳곳에 풍수적인 현장과 지명, 그리고 설화가 전해지고 있다.

지리산의 자연환경을 기반으로 하여 자연마을이 형성되는 과정에서 받은 풍수적 영향으로 말미암아 지리산 인접권역에 해당하는 남원시, 구례군, 하동군, 산청군, 함양군 관내의 자연마을에서는 500여개가 넘는 수많은 풍수 형국이 나타난다.[1] 이러한 사실은 지리산 권역의 마을에 풍수문화가 일반적으로 확산되어 주민들의 환경 적응 과정에서 문화생태적인 영향을 주었다는 사실을 잘 말해준다. 호경마을의 경우에도 마을 지형을 병 모양, 혹은 행주형(行舟形)으로 주민

---

1) 최원석·구진성 편저, 『지리산권 풍수자료집』, 이회, 2010.

들은 지각하였다.

지리산권역에서 풍수는 주민들의 환경인식 틀이자 문화생태적 적응 형태로 일반화되어 있으며, 그 구체적인 형식은 형국(形局)이라는 표상을 매개로 마을의 국지(미시)환경과 관계 맺는 방식이다. 풍수의 형국적 인식은 마을의 해당 형국에 상응한 주민들의 문화생태적 대응 및 상호관계의 코드를 형성시켰던 것이다. 마을의 풍수형국은 주민들의 문화생태적 대응의 매개가 되며, 마을주민들은 풍수형국에 따라 다양한 대응방식을 취한다. 호경마을의 주민들도 병의 목에 해당하는 마을 입구에 풍수적인 생기가 빠져나가지 못하도록, 그리고 행주형에서 배가 떠나버리지 않고 정박하게 하는 상징적인 의미로 조산(造山)을 조성한 것이었다.

1. 지리산권 마을의 풍수2)

지리산은 높이 1,915m, 동서 길이 50㎞, 남북 길이 32㎞, 둘레 약 320㎞의 한국의 대표적인 명산이다. 행정구역상으로 3개도(경상남도, 전라남·북도), 1개시, 4개군, 15개 읍·면이 속해 있다. 지리산지의 온화한 기후와 충분한 강수량, 그리고 수많은 소분지(小盆地)의 지형 조건 들은 취락이 발달하게 된 자연적 배경이 되었다.

지리산지에 발달한 취락은 생활문화터전으로서 역사성을 갖추고 있을 뿐 아니라 지리적으로도 넓게 분포해 있다. 지리산권역에는 조

---

2) 이 내용은 최원석, 「마을풍수의 문화생태」, 『한국지역지리학회지』17(3), 2011, 259~268쪽을 부분 인용한 것임.

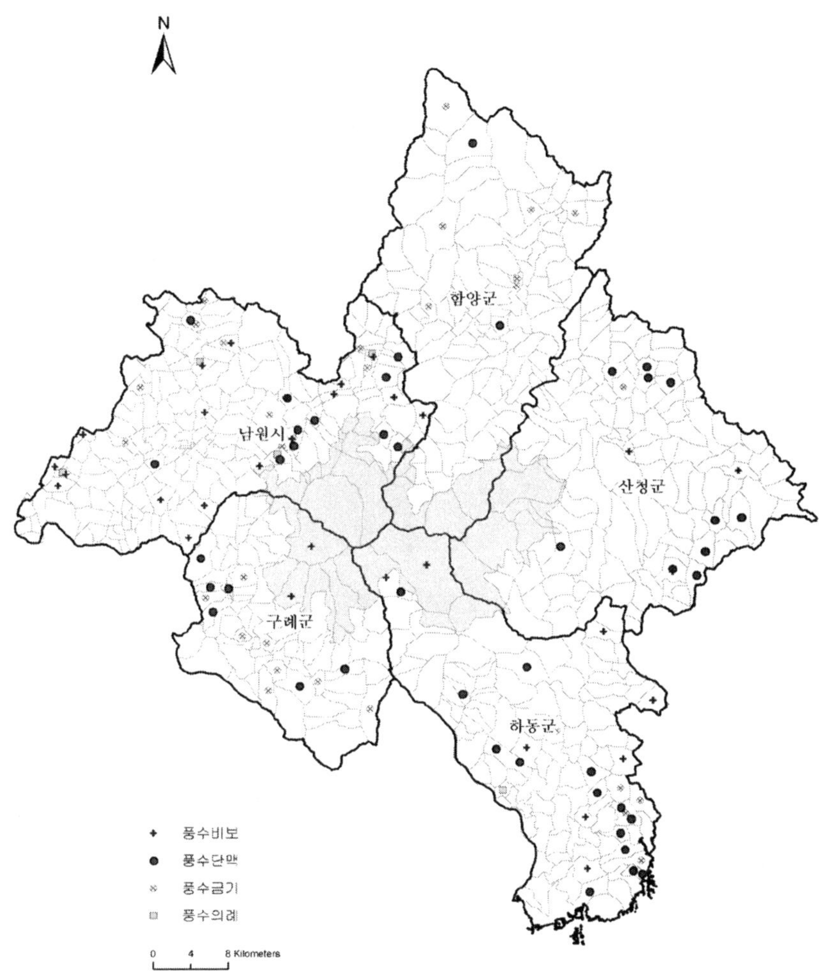

그림1. 지리산권 마을 풍수 요소의 분포지도

* 자료: 지리산권문화연구단, 『지리산 세계유산 등재 연구용역 종합보고서』, 2011.

선시대에 10여 개에 달하는 읍 취락이 있었으며, 산지의 곳곳에 벼농사를 위주로 하는 집촌(集村)이 발달하였다.

지리산의 산촌경관은 조선시대 이래 수세기 동안 지리산의 자연환경에 적응하고 조화하면서 형성된 씨족공동체의 지속가능한 생활방식과 토지이용을 잘 반영한다. 지리산지에 발달한 계단식 논과 벼농사 경관에는 산지환경에의 적응과 토지이용의 전통적 기술이 집약되어 있다.

지리산권 마을에 보편적으로 나타나는 풍수문화는 산지환경에의 적응과 자연과 인문의 조화로운 결합을 보여주는 자연-인간관계의 독특한 코드가 된다. 지리산지 마을의 풍수문화는 마을의 지속가능한 환경시스템을 유지하기 위한 전통적인 문화생태학적 방식이자 지식체계라고 할 수 있다.

자연에 대한 전통지식체계로서의 풍수는 지리산 권역의 자연마을에도 일반화되어 있으며, 주민들의 마을 지형·환경에 대한 풍수적 이해 및 관계 방식은 형국(形局)이라는 표상으로 이루어진다.

전근대 시대에 마을공동체에 통용되었던 풍수의 형국은 기표(記標)와 기의(記意)를 갖는 문화생태적 의미의 기호(記號)로서 마을 환경이라는 의미체계를 가지고 있었다. 예컨대 '소'라는 풍수 형국명은 기표로서는 단지 소형국이라는 명칭이지만, 주민들이 마을의 미시환경이나 국지환경을 상징적으로 표상하는 용어였다. 그 기의는 주민들이 생각하고 있는 마을의 입지지형의 모습이기도 하고, 마을공동체의 사회집단에 의해 소 형상(머리와 배, 꼬리 등)과 부수물(구유, 소꼴 등)의 경관상이 연상되어 대응 관계 및 태도를 낳는 이미지이기도 하며, 계기적으로 소에 대한 풍수적 지명, 설화, 의례 등의 2차적 기호가 발생되는 텍스트로서의 의미체계이기도 하였다.

기호	마을 풍수형국의 텍스트(의미체계) = 마을 환경
기표	마을의 풍수 형국명 = 미시(국지) 환경의 표상
기의	마을의 입지지형에 대한 표상(表象) 및 경관이미지 마을경관에서 구비될 형국 요소의 공동체적 태도 형성 기표와 관련된 지명, 설화, 의례 등 계기적인 기의 발생 주민들의 문화생태적 대응관계의 텍스트이자 의미체계

그림2. 마을 풍수형국의 기호와 텍스트

주민들이 인식하는 기호적 의미체계로서의 마을 지형에 대한 풍수형국은 객관환경에 대한 인지환경이자 표상환경으로서, 그 형국에 연유한 풍수적 태도와 대응을 유발시켜 마을경관이나 환경관리에 작용하는 문화적 배경요인이 된다는 데 중요점이 있다. 흔한 예로써 배 형국의 마을에서는 우물 파는 것을 금기로 한다거나(배에 구멍이 나면 가라앉으므로), 봉황 형국의 지형에서는 대나무숲을 조성하는(봉황은 죽순을 먹기에) 등의 대응방식이 그것이다. 지리산권 마을들의 많은 사례에서 볼 수 있듯이, 마을공동체에서는 형국이라는 인식틀을 통해서 마을의 입지환경을 이해하고 자연환경과 상호관계를 맺으며 적응, 대응하기에 풍수 형국은 주민공동체의 문화생태적 대응관계를 의미하는 약속된 기호 체계였던 것이다.

객관 환경	마을의 자연환경(입지지형)
인지(표상) 환경	풍수 형국의 상징적 의미체계
대응 관계	주민공동체의 풍수형국적 환경인식 및 대응

그림3. 풍수 형국을 통한 주민의 마을환경에 대한 관계 프로세스

지리산권역의 풍수 형국을 자연지형, 인문경관, 신성물, 길짐승, 날짐승, 수중생물, 곤충, 식물, 사람, 신체, 물건, 문자, 기타로 분류하여 집계하면 표 1과 같다.

표1. 지리산권 마을의 풍수 형국 집계

형국\지역	자연지형	인문경관	신성물	길짐승	날짐승	수중생물	곤충	식물	사람	신체	물건	문자	기타	총계
남원	13	1	20	39	13		13	19	18	1	18	1	2	158
구례	2	1	12	14	7	2	4	4	7		20	1	4	78
하동	2	1	18	46	33	4	7	11	12	1	12		3	150
산청			4	20	10		2	8	10		21			75
함양	1	1	4	14	9			2	4		12	2		49
합계	18	4	58	133	72	6	26	44	51	2	83	4	9	510

* 자료: 최원석, 구진성 편저, 『지리산권 풍수자료집』, 이회, 2010.

위의 지리산권 마을에서 나타나는 유형별 세부 풍수 형국명은 아래와 같이 정리할 수 있다.

　① 자연지형 : 산, 달, 구름
　② 인문경관 : 전쟁터, 성곽, 고관대작의 관저
　③ 신성물 : 거북이, 용, 봉황, 잉어

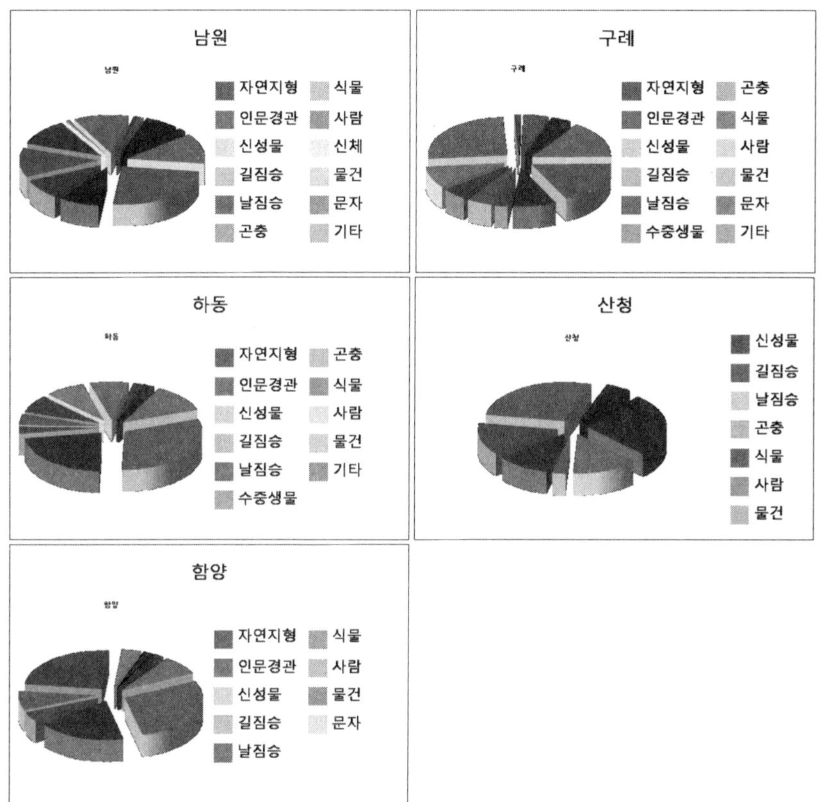

그림4. 지리산권의 지역별 형국 유형

④ 길짐승 : 개, 개구리, 곰, 노루, 말, 뱀, 소, 쥐, 호랑이, 돼지, 토끼, 고양이, 코끼리, 살쾡이, 자라

⑤ 날짐승 : 꿩, 꾀꼬리, 까마귀, 제비, 독수리, 갈매기, 닭, 학, 비둘기, 오리, 매, 거위, 앵무새, 기러기, 황새, 까치

⑥ 수중생물 : 게, 새우, 붕어

⑦ 곤충 : 나비, 누에, 지네, 거미, 개미, 벌

⑧ 식물 : 꽃, 연꽃, 나무, 밤, 매화, 배, 배꽃, 고추, 칡덩굴

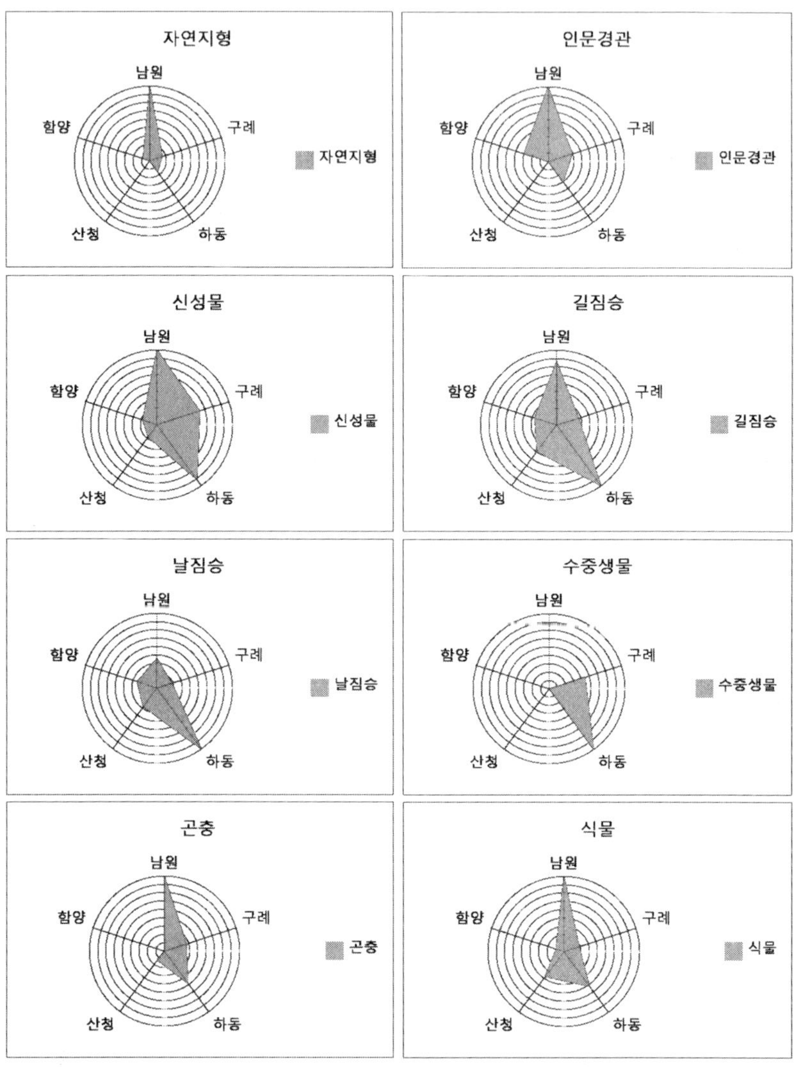
자연지형
남원
함양
구례
산청
하동
자연지형

인문경관
남원
함양
구례
산청
하동
인문경관

신성물
남원
함양
구례
산청
하동
신성물

길짐승
남원
함양
구례
산청
하동
길짐승

날짐승
남원
함양
구례
산청
하동
날짐승

수중생물
남원
함양
구례
산청
하동
수중생물

곤충
남원
함양
구례
산청
하동
곤충

식물
남원
함양
구례
산청
하동
식물

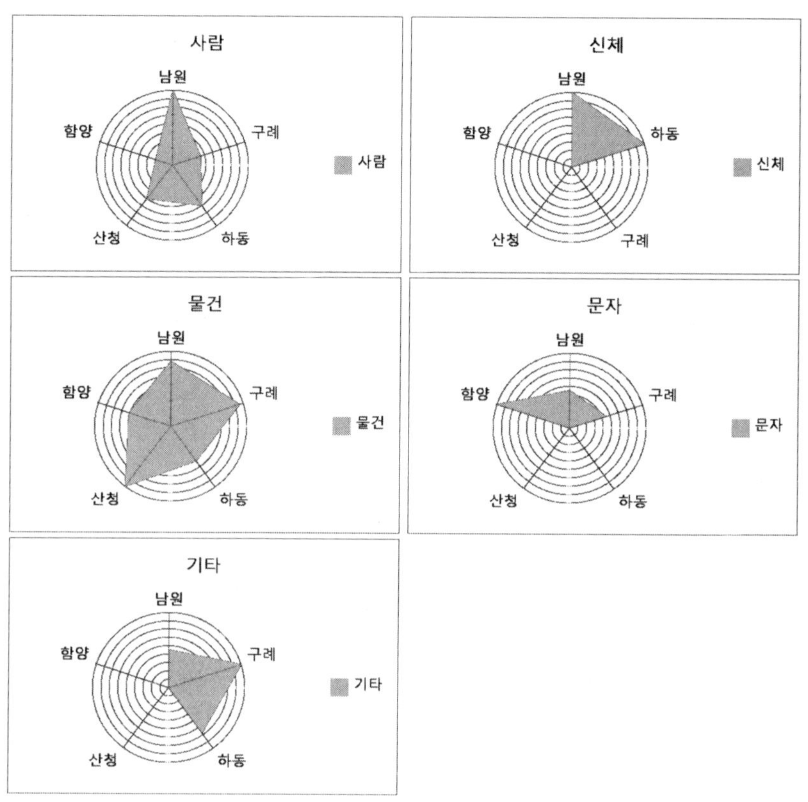

그림5. 형국 유형의 지역별 분포

⑨ 사람 : 유아봉모(乳兒奉母), 옥녀직금(玉女織錦), 옥녀탄금(玉女彈琴), 장군대좌(將軍對坐), 무사가 말을 탄 형국, 노승예불(老僧禮佛), 아홉재상(九相)

⑩ 신체 : 성기, 눈썹, 다리

⑪ 물건 : 배(舟), 활, 다리, 조리, 벼 낟가리, 솥, 가마솥, 도장, 괭이, 거문고, 징, 부채, 활촉, 등잔, 붓, 옥(玉), 물레, 길마, 돛, 사다리, 술병, 벌통, 금소반, 활시위대 손잡이, 금사옥척(金絲玉

尺), 금환낙지(金環落地), 풍취나대(風吹羅帶), 실을 감은 형국
⑫ 문자 : 현자(玄字), 개자(介字), 일자(一字)
⑬ 기타

지리산권 마을 주민들이 풍수를 매개로 관계 맺는 문화생태적 영향과 방식은, 토지이용 및 건축·생산활동의 규제, 환경용량(수용능력)의 규준, 환경관리(자연재해 방비와 자원환경의 보전) 등으로 분류할 수 있다.

첫째, 풍수는 마을지형의 형국과 관련된 특정의 생산활동과 건축활동을 규제하고, 또 특정 장소의 토지 이용을 제한시킴으로써 마을환경과 식생의 보전에 기여하는 효과가 있다. 주민들은 마을의 입지지형을 풍수형국이라는 경관이미지로 이해하는 방식을 갖고 있는데, 생산활동 및 토지이용의 과정에서 해당 풍수형국에 위해(危害)가 된다고 판단되면 마을공동체의 환경생태적인 보전을 위하여 그 이용과 활동을 금기(禁忌)한다.

둘째, 주민들은 풍수의 형국에 근거하여 마을의 호수(戶數)를 규제함으로써 지속가능한 마을의 규모(수용 능력) 및 적정 주거밀도를 판단하는 기준을 삼는 경우도 있다. 이 경우에 풍수는 주어진 입지조건에서 얻을 수 있는 환경용량과 주거조건을 유지하기 위한 사회적 기준의 담론으로 통용되고 있음을 알 수 있다.

셋째, 풍수는 전근대적인 자연환경에 대한 경험적 지식체계였기에 마을의 지형적 입지에 연유한 풍수해(風水害), 화재 등의 자연재해를 방비하고 수자원 등의 자원환경을 보전하는 역할을 수행하였다. 풍수적 환경관리는 숲의 조성이나 조산, 마을 지형의 보수 등의 방식으

로 행해졌다. 풍수해 방지 및 수자원 보전을 위해서 마을숲을 조성한 사례는 지리산권역의 마을에서 다수 나타난다.

과정	주민들의 풍수문화와 문화생태적 작용 메커니즘
인식	마을의 입지경관에 대한 풍수형국적 인식
⇩⇧	⇩⇧
태도	풍수형국에 연유한 풍수적 태도의 유발 및 대응
⇩⇧	⇩⇧
적응/ 작용	마을생태에 대한 문화생태적 적응과 작용 ① 마을입지 및 인구유입 ② 토지이용 및 건축·생산활동의 규제 ③ 환경용량의 규준 ④ 환경관리(자연재해 방비와 자원환경의 보전) ⑤ 주민공동체의 집단적 환경 의식과 태도 형성 ⑥ 식생의 수종 선택
⇩⇧	⇩⇧
경관	풍수적 문화경관 형성과 변화
관계	주민과 환경의 지속가능한 문화생태적 관계 구축

그림6. 주민들의 풍수문화적 적응 전략과 기능

마을주민들의 자연환경에 대한 상호관계 및 적응방식을 반영하고 있는 구성요소로는 풍수입지, 풍수지명, 풍수설화, 풍수의례, 풍수비보 등이 있다. 풍수입지는 마을이 처한 자연환경의 조건을 규정하고, 풍수지명은 주민의 자연환경에 대한 인식을 표징하여 태도에 일정한 영향을 미친다. 풍수설화 및 금기는 주민의 자연환경에 대한 사회집단적인 태도와 윤리성(환경윤리)이 내재되어 있고, 풍수의례는 주민들의 마을 주거환경에 대한 환경심리 및 대응양식과 관련된다.

그리고 주민들은 풍수비보로써 마을입지 보완 및 마을경관에 대한 환경관리를 한다. 지리산 권역의 마을 경관에서 보이는 풍수 비보의 형태는 조산 혹은 돌탑, 숲, 못, 제의(놀이) 등으로 다양하게 나타났으며, 풍수 비보의 기능은 보허(補虛)나 수구 막이, 형국 보완 및 진압, 흉상 차폐, 화재 방어 등으로 분류할 수 있다. 이처럼 풍수는 전통시대의 한국사회에서 마을의 지속가능한 환경조건의 보전과 유지를 위한 문화생태적 코드이자 관계 조절 방식으로 기능하였다.

구성요소	자연환경에 대한 문화생태적 상호관계 및 적응방식
풍수입지	자연환경 조건의 규정
풍수지명	자연환경에 대한 마을공동체의 인식
풍수설화	자연환경에 대한 사회집단적 태도와 윤리
풍수의례	자연환경에 대한 마을공동체의 환경심리, 대응양식
풍수비보	마을 입지조건의 보완 및 마을공동체의 환경관리

그림7. 마을주민의 풍수문화적 상호관계 및 적응방식의 형태

2. 호경리의 마을 입지와 풍수

행정구역상 호경리는 전라북도 남원시 주천면에 속하며 주천면의 동편 끝에 자리한다. 남원시의 영역에서 볼 때 가운데 아래편에 위치하고 있으며, 마을중심에서 남원시청까지의 직선거리는 약 7km에 이른다. 호경리 둘레로 덕치리, 고기리, 용궁리, 장안리, 운송리가 둘러싸고 있다.

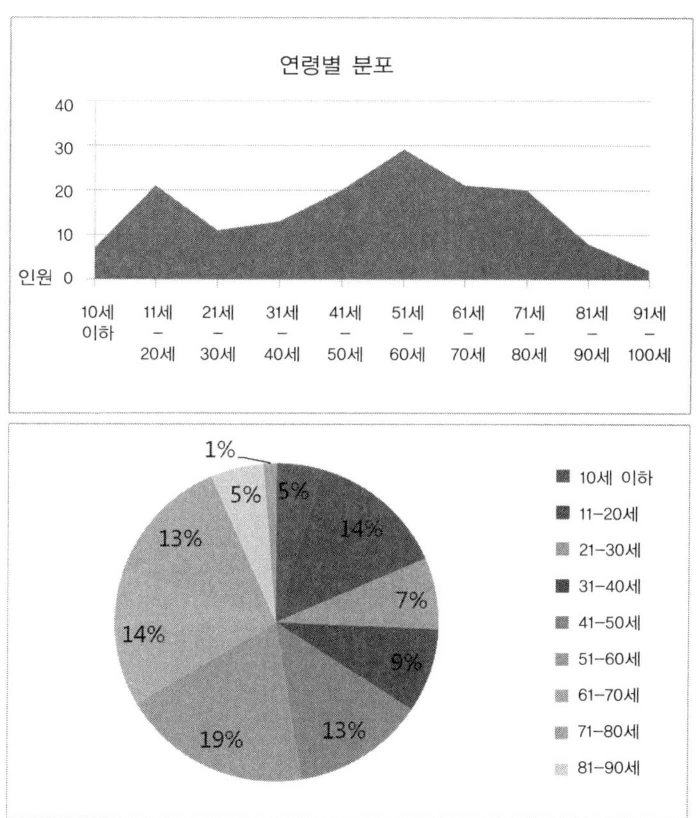

그림8. 호경리 인구의 연령별 분포와 비율

호경리의 면적은 4.29㎢이며, 2013년 현재 총 73세대에 152명(남자 73명, 여자 78명)의 주민이 살고 있다. 주민의 대부분이 벼농사를 하며, 기타, 공무원, 자영업 등의 직업으로 구성되어있다. 연령별 분포는 50대가 가장 많으며, 40대에서 60대까지의 장년층이 전체의 과반수에 근접한다.

호경리의 지리적 입지 특성은 지리산과 결부되어 이해된다. 동서

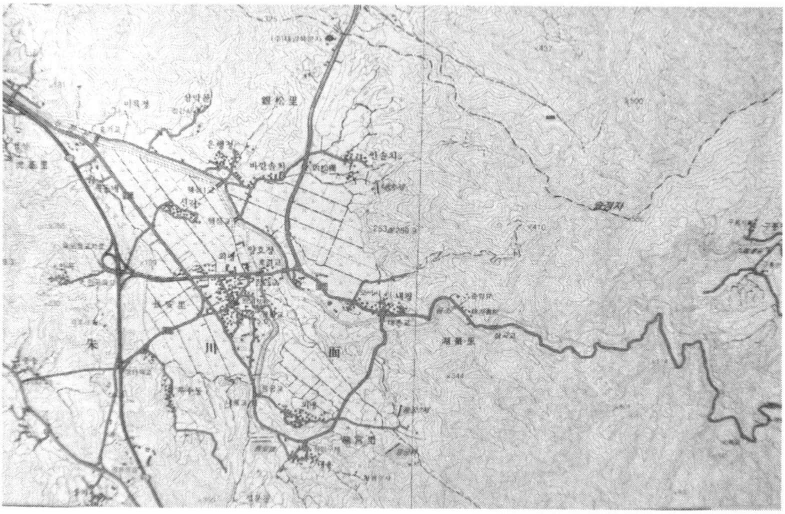

그림9. 호경리 지형도(2만5천분의 1)

로 걸쳐있는 지리산의 주능선의 서편 봉우리인 노고단에서 북쪽으로 곧장 지맥을 뻗어서 성삼재와 만복대에 이르며, 만복대의 맥이 두 갈래로 갈라져 동북북쪽으로는 세걸산, 바래봉, 덕두산으로 이어져 운봉읍에 이르고, 서북쪽으로 뻗은 맥은 고기리와 용궁리의 경계를 이루면서 호경리에 이른다. 지리산 자락의 안쪽에 있다고 하여 호경리의 큰 마을은 내촌이라는 이름으로도 불렀다. 지리산 주능선을 기준으로 볼 때는 서북사면 자락에 위치하고 있다. 마을 주거공간의 해발고도는 190m 내외의 중산간 지대이다.

지리산지의 운봉고원에서 발원한 원천천이 마을을 감싸고 동에서 서로 구불거리고 흘러 남원의 요천과 만난다. 마을 앞에 흐르는 내는 따로 구룡계곡이라고 부르는데, 지리산지로부터 감입하는 형태의 유로를 보이고 계곡미가 뛰어나서 선비들의 구곡문화(九曲文化)가 형성

그림10. 호경리 지형(위성사진)

되는 배경이 되었다. 구룡계곡과 구룡폭포에 연유하여, 마을에는 풍수적으로 아홉 마리 용이 구슬을 희롱하는 형국[九龍弄珠形]의 명당이 있다는 말이 생겨났다.

마을의 지형은 ⊃ 모양으로 앞뒤와 지리산에 이르는 동쪽으로는 산으로 둘러싸여 있으나 마을 입구가 되는 서편으로는 소분지 지형의 들판이 넓게 펼쳐져 있다. 이와 같은 마을의 지형경관은 입구의 개활(開豁)로 인한 풍수적 결점으로 인식되어 여러 가지 비보물과 비보장치가 조성된 지형적 배경이 되었다.

지리산지는 수많은 사람들이 살았던 오랜 생활문화의 터전이었다. 지리산은 예부터 '신성한 어머니산'으로 여겨져 신성시 되고 많은 사람들이 거주하였다. 호경마을은 처음에 경주 정씨가 1680년(숙종 6)에 내촌마을에 입향하였는데[3], 생활터전을 마련하기 위해 터를 찾는

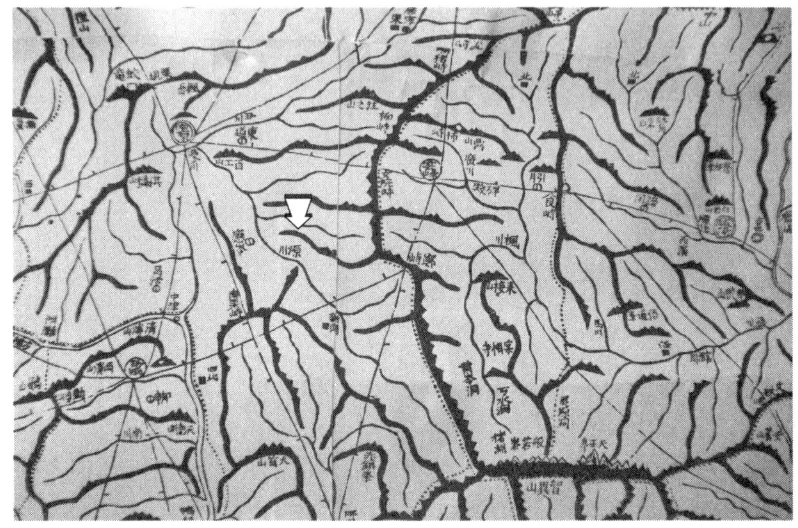

그림11. 『대동여지도』의 지리산과 호경리 위치

중 이곳을 지나가다가 산세가 수려하고 물이 맑아 이곳에 터전을 정했다고 한다.[4] 특히 호경마을의 이상적인 풍수적 입지 조건과 아름다운 산수 조건 및 풍광은 마을이 들어서기에 충분한 자연적 매력을 지니고 있었을 것이다. 경주 정씨 이후에 연안 김씨와 풍천 노씨 그리고 밀양 박씨 등이 들어와 현재의 마을이 형성되었다.[5]

최초 경주 정씨가 호경마을에 입향한 동기는 추정컨대, 16세기말에서 17세기에 이르는 내우외환의 사회적 혼란으로 말미암아 지리산지가 피난보신의 땅으로 인식되면서 여러 마을들이 형성되는 사실과 무관하지 않을 것이다.

---

3) 디지털남원문화대전 http://namwon.grandculture.net
4) 호경리 주민 노국환 씨의 마을조사 자료.
5) 디지털남원문화대전, http://namwon.grandculture.net

조선조 임진왜란(1592~1598)과 병자호란(1636~1637)을 겪은 이후의 정치사회적 혼란과 생활상의 피폐로 말미암아 지리산은 민중들의 피난처로서 인구가 본격적으로 유입되기 시작하였다. 18세기 이후로는 지리산 골짜기에 많은 사람들이 피난·피화(避禍)하여 거주하였던 것으로 보인다. 『승정원일기』에 의하면, "작년의 변란(1728년 무신란) 이후 몸을 숨긴 사람들이 지리산 골짜기에 가득하다."하였고,6) "작년(1784) 시끄러운 소문이 낭자하여 백성들이 다투어 지리산 아래로 달아나 피신하는 사람이 매우 많았다"7)는 표현은 이러한 사정을 잘 말해 준다. 그 과정에서 특히 지리산에 있다고 알려진 청학동과 십승지에 관해 사회적으로 유포되었던 장소정보와 장소이미지는 지리산을 지향하는 민간인들에게 강력한 매력이었을 것임이 분명하다.

호경마을이 입지하고 형성된 배경에는 지리산의 십승지(十勝地) 관념 역시 일정한 영향을 끼친 것으로 추정된다. 『정감록』에서 지목하는 십승지 중에서 지리산 운봉이 있는데, 운봉은 호경리에 인접해 있는 곳이기 때문이다.

십승지의 위치는 대체적으로 영월의 정동 쪽 상류, 풍기의 금계촌, 합천 가야산의 만수동 동북쪽, 부안 호암 아래, 보은 속리산 아래의 증항 근처, 남원 운봉 지리산 아래의 동점촌, 안동의 화곡, 단양의 영춘, 무주의 무풍 북동쪽 등을 말한다.

그 가운데 지리산의 십승지는 운봉 두류산(「감결」), 혹은 운봉 행촌(「감결」 십승지지), 혹은 운봉 두류산 아래 동점촌 100리 안(「남격암산수십승보길지지」) 등으로 표현되어 있다. 지리산에 대한 언급을 보면,

---

6) 『승정원일기』 영조 5년 윤7월 16일.
7) 『승정원일기』 정조 9년 2월 29일.

「남격암산수십승보길지지」에는 "여러 산 중에 소백산이 첫째이고 그 다음이 지리산"이라는 표현이 보이고, 「옥룡자청학동결」[8]에도 "태백산과 소백산이 첫째이고 지리산은 다음"이라고 기술하였다. 이규경의 글에 의하면, 운봉에 있다는 지리산 십승지는 지역민들에게도 관심을 끌었던 것 같다.

이규경(1788~?)은 격암(格庵) 남사고의 「비기」를 거론하면서 "운봉 두류산 아래에 동점촌이 있는데, 백리 내에 영구히 거주할 만하지만 그 곳을 모른다. 근자에 운봉 사람 곽재영이 비로소 찾았는데 말하기를 읍에서 거리는 25리의 지리산 반야봉 괘협처이고 석벽의 높이가 몇 길이나 되며, 동점(銅店)이라는 두 글자를 새겨놓았다고 한다. 글자의 획이 어지러이 소멸되어 분간하기 어려운데 예전에 구리를 제련하던 곳이다. 그렇기에 근방에 돌을 파내고 구리광을 캐는 흔적이 많다. 동점촌은 그 가운데에 있는데 평탄하지만 그 가운데에 앉아 있으면 사방이 보이지 않고 주위가 제법 넓다. 30, 40호가 거주할 만한 농경지이다."라고 언급한 바 있다.

3. 호경리의 풍수 경관

호경리 행정구역명의 변천과정을 보면, 원래는 남원군 하원천면 내촌리에 속하였으나, 1914년 일제 강점기의 행정구역 통폐합에 따라 내촌리와 호정리의 일부를 병합하여 호경리라 하고 남원군 주천면에 편속되었다. 1995년 1월에는 남원시와 남원군이 통폐합함에 따

---

8) 『조선비결전집』, 규문각, 1966.

라 남원시 주천면 호경리가 되었다.

호경리에 속하는 자연마을 이름으로는 가운데말, 내촌, 두루봉, 뒷들, 아랫말, 양호정, 웃몰 등이 있었다. 가운데말은 내촌의 가운데에 있다. 내촌은 호경리의 가장 큰 마을이다. 두루봉은 양호정의 동남쪽이 되는 마을이다. 뒷들은 내촌의 동남쪽에 있는 마을이었다. 아랫말은 내촌 아래에 있는 마을이다. 양호정은 내촌 서북쪽에 있는 마을이다. 그리고 웃말은 내촌 위쪽이 되는 마을이다.

호경리에서 가장 큰 자연마을인 내촌마을은 들봉, 양호정, 솔밭거리, 부장터 등의 4개 자연마을이 모여서 이루어졌으며, 1950년대까지만 해도 150여 호에 300~400명까지 거주하던 시기가 있었던 큰 마을이었다. 1970년대 까지만 해도 120여 호를 유지하였으나 1990년대에 산업화에 의한 이촌향도의 현상으로 인구가 급격히 줄어들어 현재는 45호 정도만 살고 있다.[9]

일반적으로 마을 풍수에 있어서 이상적인 명당 형국은 전후좌우로 산에 에워싸여 있는 지형인데 비하여 호경리 내촌마을의 입지조건은 서편인 마을입구가 허결하다는 결점을 안고 있다. 그래서 마을입구에 풍수조건의 보완을 위한 비보물로서 당산(돌탑)이 설치되었다. 마을주민들은 돌무덤 2개가 있는 곳을 조산이라는 명칭으로도 불렀다.[10] 당산은 신앙제의적인 측면의 호칭이고, 조산은 풍수비보적인 측면의 호칭이다. 마을에 전해 내려오는 설화에 의하면, 내촌마을은 마을의 형국이 병목형이라서 마을입구에 좌우로 2개의 당산(돌탑)을 쌓았다고 한다. 당산의 높이는 6m, 둘레는 20m에 이르며, 도로 개

---

9) 호경리 주민 노국환 씨의 마을조사 자료를 참고하여 다시 작성함.
10) 호경리 주민 노국환 씨의 지명조사 자료.

그림12. 내촌마을 입구의 당산(돌탑)과 솟대　　그림13. 마을 입구 당산 위의 솟대(진대)

설 과정에서 훼손되어 현재는 1곳만 비교적 온전한 상태로 남아 있
고, 나머지 1개의 당산은 논에 방치되어 있다.[11]

또한 내촌마을을 중심으로 하는 마을의 주거공간은 원천천을 끼고
입지하였기 때문에 풍수적으로 배가 운행하는 형국[行舟形]이라는
해석도 낳았다. 이로 인하여 마을 입구의 솟대(짐대)는 배의 돛대로써
의미가 재해석되고 확장되는 결과도 생겼다. 솟대는 배 형국의 마을
지형에서 배가 빠져 나가는 것을 막는 역할을 한다는 상징성도 덧붙
여졌다. 솟대는 원래 제화초복(除禍招福)을 위한 마을신앙물로 조성
되었으나 풍수와 결부되면서 의미가 확장되어, 당산(돌탑)과 함께 풍

---

11) 호경리 주민 노국환 씨의 마을조사 자료를 참고하여 다시 작성함.

수적인 비보기능도 겸한 것으로 보인다.

마을의 입지가 풍수적인 배형국인 경우에 마을신앙의 솟대가 돛대의 상징적 기능을 겸하는 사례는 전국적으로 발견된다. 같은 남원시 관내인 인월면 상우리 하우마을에서도 유사한 형태를 보이는데, 마을 지형이 행주형으로서, 배가 편안하게 항해하기 위해서는 돛대가 있어야 한다고 마을사람들이 동네 한 가운데에 솟대를 세웠다고 한다.[12]

호경마을 입구의 솟대는 화기를 막는 풍수적인 기능도 겸하는 것으로 여겨졌다. 이러한 화기 방어의 풍수적 기능은 다른 지방의 솟대에서도 자주 발견되는 것이다. 같은 남원시 관내의 대강면 풍산리 양촌마을에도 유사한 솟대가 있다. 마을 앞에 마주하고 있는 고리봉이 화산이어서 마을에 화재가 자주 생긴다고 풍수적으로 해석하고, 그 방비책으로 3기의 솟대를 만들어 세운 후에 화재가 발생하지 않았다고 한다.[13]

호경마을 주민들은 앞에 있는 작살봉의 모습을 화산(火山)으로 인식하여, 그 때문에 마을에 화재가 자주 일어났다고 여겼다. 그래서 마을사람들은 매년 음력 2월 초하루에 병에 물을 담아 작살봉 정상에 묻어 화재를 방비했다고 한다. 현재 화재막이 민속은 소멸되었다. 그러나 짐대 당산 앞에 모여 마을의 안녕을 축원하는 당산제를 지내고 농악놀이를 즐기는 민속행사는 지금도 전래되고 있다.[14] 이러한 풍수적 화산에 대한 물을 이용한 민속 의례 역시 타 지역에서도 비슷하게 드러나며, 특히 해안가에 있는 마을에서는 간수를 이용하기도

---

12) 디지털남원문화대전 http://namwon.grandculture.net
13) 디지털남원문화대전 http://namwon.grandculture.net
14) 디지털남원문화대전 http://namwon.grandculture.net

한다.

그밖에도 호경리에는 여궁석이라는 흥미로운 바위 민속과 이에 대한 풍수적인 비보물이 있다. 마을의 자연지형을 인체에 비유하는 인식은 전근대에서는 일반적인 방법이었으며, 이러한 인식에 기초하여 문화생태적인 대응 태도와 양식이 생겨났다. 내촌마을 입구의 맞은 편에는 석녀골 혹은 보지골이라는 곳이 있다. 하천이 기반암을 아래쪽으로 파서 형성된 모양이 마치 여자의 성기[女宮] 모양과 유사하여 붙은 지명이다. 조선시대 가부장 사회의 보수적 사회분위기에서 이러한 모양은 불경스럽고 흉한 것으로 인식되었을 것이다. 그래서 바위에서 흐르는 물빛이 보이면 마을 부녀자들이 바람이 난다는 말도 생겨났다. 호경리와 비슷한 사례로서 같은 남원시 관내의 송동면 송내리 소란이마을에도 유사한 경관 인식이 나타난다. 마을의 야산이 남근 형국이고 마을은 여근 형국인데, 마을 정남쪽 100m 지점 논 가운데 있는 일명 좆바위(높이 140㎝, 둘레 175㎝)는 마을의 음기를 누르는 역할을 한다는 것이다.15)

여궁석의 장소에서 기인된 이러한 풍수적인 문제를 해소하기 위해 마을주민들이 대응한 합리적인 대책은, 돌담을 쌓고 나무를 심어 외부에서 보이지 않게 가리는 일이었다. 현재 석녀골 앞에는 10여 그루의 소나무와 높이 2~3m, 폭 2m, 길이 15m 정도의 돌담이 쌓여져 있다. 돌담에 관해서 다른 한편으로, 풍수지리상 이 바위(여궁석)가 마을에서 흉한 방위에 위치하고 있어 마을에 해로운 기운이 있으므로 이를 막기 위해서 숲과 담을 쌓았다16)고 해석되기도 하였다.

---

15) 디지털남원문화대전 http://namwon.grandculture.net
16) 디지털남원문화대전 http://namwon.grandculture.net

4. 호경리의 지명과 풍수

지명은 땅의 얼굴이다. 지명은 해당 장소가 지닌 자연경관과 인문경관을 반영하는 거울이기도 하다. 지명에는 이름이 지어지거나 바뀌었을 당시 주민들이 인식하였던 땅에 대한 인식이 그대로 반영되어 있다. 땅에 대한 생김새와 장소적 성격이 지명이라는 언어의 화석에 고스란히 남아 있는 것이다.

특히 전근대 시대에 마을의 지명은 그 마을이 입지하고 있는 자연경관의 모습이 많이 나타난다. 그만큼 자연의 영향력이 컸던 시기에는 자연환경과 자연조건을 잘 알고 적응하는 것이 생존 전략에 필수적이었기 때문이다. 호경리와 같이 산지환경을 지닌 산촌입지의 마을 역시 주민들에게 있어 자연조건은 생활에 매우 중요하게 파악되어야 할 요소였다. 그래서 호경리의 지명에서도 산이나 봉우리, 골짜기, 바위, 소, 폭포 등의 자연경관이 대폭 반영되어 있다. 그만큼 산지의 자연환경이 주민들의 인식에 차지하는 비중이 크다는 반증이다. 호경리에서 고개 지명이 여러 개 보이는 것도 물산의 교류와 교통을 위해 필수적으로 알아야할 지리정보이자 지식이었기 때문이다.

지명은 세월에 따라 변천하는 속성도 있다. 없던 지명도 새로 생기기도 한다. 자연관이 달라지면 지명의 뜻도 달리 해석되기도 한다. 풍수문화가 지역에 파급되면서 새로운 풍수지명이 지어지거나, 혹은 기존의 지명이 풍수적으로 풀이된다. 마을에 인구가 늘어나고 주거공간이 확장되어 군데군데 새로 분포하게 되면 마을이름도 새로 생긴다. 지명을 통하여 주민들은 마을에 대한 자연 및 인문환경의 인식과 상호간의 문화생태적 구성 관계를 공고히 하는 피드백 메카니즘을 이루게 된다. 호경리에도 마을이 커지면서 여러 개의 자연마을 지명이 새로 만들어져 통용되었다. 그리고 유교문화가 형성되면서 정자 등의 지명이 새로 생겨났다.

마을지명은 크게 자연경관 지명과 인문경관 지명으로 나뉠 수 있다. 호경리에서 널리 불렸던 자연경관 지명의 종류에는 산 혹은 봉우리, 들 및 평전, 골짜기, 고개(재), 고개, 바위, 소 및 폭포, 숲 등이 있다. 호경리의 인문경관 지명으로는 마을, 정자, 집터, 묘, 생활경관 등이 있다. 17세기 후반에 마을이 형성된 이후로 인구가 늘어나면서 자연마을 이름이 여러 개 새로 만들어졌고, 유교적 이데올로기의 비중이 커지고 유학자가 마을문화를 주도하게 되면서 정자 등의 유교경관 지명들이 생겨났다. '필봉', '선비바위' 등과 같이 자연경관과 자연물에 대해 유교문화적인 투사로 인해 지명이 형성되기도 했다.

호경리는 마을의 지형적 입지가 산지경관을 나타내기 때문에 산 혹은 봉우리, 골짜기, 고개 지명이 많은 편이며, 상대적으로 들, 평전 등의 평지지형 지명은 적은 편이다. 자연마을 명칭도 여러 개가 있으며, 정자 등의 인문경관과 조산 등의 신앙경관 그리고 생활경관 지명도 눈에 띈다.

자연지명 중에 다수가 '오징어바우', '요강쏘'처럼 대상물의 형태에 빗댄 것이 많다. 이처럼 드러나는 생김새로 이름을 붙이는 것은 통용되기 쉬워 지명의 가장 일반적인 패턴을 이룬다. 지명은 사용자들 간에 상호 소통의 언어적 수단이자 도구이기 때문이다.

자연경관을 '옥녀봉', '도령봉', '선비바위'처럼 의인화하여 붙인 지명도 있다. 옥녀봉이라는 명칭의 유래에는 생김새에 연유된 면도 있지만 풍수적인 자연관도 스며들어 있는 것으로 판단된다. 산이 단정하게 생겼다고 일컬어진 옥녀봉 지명은 풍수 형국명에 흔히 등장하는 산봉우리 이름이다. 도령봉은 옥녀봉과 상대(짝)되는 명칭으로서, 마을주민들의 음양 혹은 대대(待對)적 세계관으로 자연을 투사하는 태도를 읽을 수 있다. 바위가 희다고 붙여진 선비바위 역시 자연물의 생김새를 맑은 선비의 모습에 빗대어 보는 문화적 투영 의식의 소산이다.

남원 원천동 동약

김봉곤

1. 머리말

향약은 16세기 이후 사림(士林)들에 의해서 유교적 예속과 상부상조를 통해 향촌사회의 질서를 안정시키고 자신들의 지위를 강화하기 위해서 향촌 규약이다. 북송대의 여씨(呂氏)형제들이 실시한 좋은 일은 서로 권하고, 잘못은 서로 바로잡아주며, 예속을 서로 권장하고, 어려운 일이 있으면 서로 도와준다는 향촌사회의 규약을 주희(朱熹)가 보완한 「주자증손여씨향약(朱子增損呂氏鄕約)」이 그 토대가 되었다. 「주자증손여씨향약」은 김안국(金安國)에 의하여 「주자증손여씨향약」의 언해본(諺解本)이 출간되어 널리 보급되었다. 그리고 1556년(명종11)에는 상벌규정을 강화한 이황(李滉)의 예안향약(禮安鄕約)이 작성되고, 1571년(선조4)에는 양반이나 상민, 천민을 모두 참여시킨 이이(李珥)의『서원향약(西原鄕約)』1577년(선조10)에는 향약에 계 조직을 결합시킨『해주향약(海州鄕約)』이 만들어져 조선의 실정에 맞게 변용되었다. 이후 곳곳에서 향약의 시행이 논의되었으며, 대부분의 지역에서 고을 사족들의 규약인 향규와 함께 촌락에도 동약이 실시되었다.

지리산이 위치한 남원에도 17세기 중엽에 사족들이 공동체의 안정을 위하여 주자가 증손한 여씨 향약과 광주의 향약을 토대로 남원부의 향약을 설립하였다. 그리고 각 방에도 향약이 설립되어 면 단위로 향약이 보급되어갔다.[1] 지리산에서도 북쪽에 해당되는 원천방에서 1638년(인조16) 동약이 실시되었으며, 남쪽인 소아방과 중방방에서는 1670년대에, 원천방의 동쪽 백암방은 1680년대에 각각 동약이 실시되기에 이르렀다.[2]

이처럼 지리산 지역에서도 16세기 후반에는 동약이 실시되었으며, 그 중에서도 원천동 동약은 동약이 만들어진 이래 지금까지 380여 년 운영되어 왔으며, 20여 종에 달하는 향약관련 기록이 남아 있어서 역사적 의의나 연구가치가 매우 높다. 이에 1994년에 순천대학교 오병무 교수가 이 동약 자료의 대부분을 번역하고 그 의의를 분석한 바 있다.[3] 이러한 오교수 등의 노력에 힘입어서 원천동 동약이 널리 알

---

1) 『東岡先生遺稿』卷2, 書, 「與李地主聖漢」, "癸亥以後。亦未復古。前輩以是病焉。設立鄕約之規。旣取呂氏鄕約朱夫子所增損者。又取光山先輩所論而參酌之。旣定一邑之鄕約。又定各里之鄕約。以示善惡勸懲之道矣"

2) 『東岡先生遺稿』卷二, 書, 「與鄭地主」民生長德里。得見前輩所論。移居山外十餘年。合所兒, 中方兩里而行之。里人猶知恥於爲惡而勤於奉公。不無萬一之助也。移居白巖。又已八年。民俗無知。全昧四維。盖以地僻而士夫罕居故也。前者稟議於李城主。略定鄕約之規。亦已累年。不無見效 : 여기서 말하는 정지주는 정협이며, 최시옹은 정협에게 1691년에 편지를 보냈다(金炫榮, 「南原地方 士族支配秩序의 確立」, 『朝鮮時代의 兩班과 社會』, 1999, 219쪽). 산외는 지리산 남쪽을 가리키며, 소아와 중방은 오늘날 광의면과 용방면 일대이다. 이들 지역은 당시 남원부 관할이었다. 최시옹은 이 지역에서 10년을 거주하였고, 다시 백암방에 이거하여 8년을 거주하였다고 하였으므로, 소아와 중방에는 1670년 경, 백암방에는 1680년 경에 동약이 실시된 것이라고 할 수 있다.

3) 오병무, 「南原源洞鄕約에 관하여」, 『南原源洞鄕約』全北鄕土文化硏究會, 대흥기획, 1994.

려지게 되고 그 가치가 인정되어 전라북도 지방문화재 146호
(1994.8.10)로 지정되었다. 다만, 오교수의 고찰은 본격적인 연구라기
보다는 자료 소개에 치우친 측면이 크다. 동약이 실시된 마을의 시대
적 변화나 원천동 동약이 실시되게 된 배경, 동약의 구성이나 운영의
측면에 대해서는 충분히 고찰되지 못하였다. 이에 본고에서는 오교
수의 연구결과를 토대로 원천동 사족의 형성배경과 마을의 발달, 그
리고 시기별로 차이가 나는 동약 조직의 내용이나 운영상의 원리의
변화 및 그 의의를 밝혀보고자 한다.

2. 원천동의 마을 조직

본고의 연구 대상지역인 원천동은 조선 후기에 원천방으로 불리우
는 지역이었다. 1702년 간행된 『용성지(龍城誌)』에는 남원부 전체를
읍내(邑內)와 동서남북(東西南北) 4면과 그 아래에 45개 방(坊)으로 구
획되어 있다. 원래 48방이었으나,4) 번암(磻巖)과 추동(楸洞), 산동리
(山東里)와 목동(木洞), 수지(水旨)와 초리(草里) 등이 합방(合坊)되어
45방으로 구획되었었던 것이다. 방(坊) 아래에는 다시 여러 개의 리
(里)가 소속되어 있다. 당시 『용성지』에 수록되어 있는 읍내와 각 면
에 소속된 방은 다음과 같다.5)

---

4) 1670년 경 간행된 『東國輿地志』등에는 49개 면으로 기록되어 있다(『東國輿地志』
　卷5下, 南原都護府, 「南原都護府」: 오병무, 「南原源洞鄕約에 관하여」, 『南原源洞
　鄕約』, 全北鄕土文化硏究會, 1994, 8쪽)
5) 『龍城誌』(1702년 간행) 卷1, 「坊名新增」.

표1. 남원의 45방(『용성지』기준)

구역	소속 방(坊)
읍내(4)	장흥리(長興里), 만복리(萬福里), 서봉리(樓鳳里), 통한리(通漢里)
동면(6)	갈치(葛峙), 산동(山東), 번암(磻岩), 백파(白波), 백암(白岩), 원천(源川)
남면(9)	주촌(朱村), 산동(山洞), 소의(所義), 중방(中方), 고달(古達), 두동(豆洞), 수지·초리(水旨草里), 송내(松內), 흑성(黑城)
서면(15)	이언(伊彦), 시라산(時羅山), 대곡(大谷), 자성(者省), 주포(周浦), 기지(機池), 금안(金岸), 초랑(草郎), 생조벌(生鳥伐), 견소곡(見所谷), 영계(靈溪), 성남(城南), 아산(阿山), 돌고개(乭古介), 말천(末川)
북면(11)	왕지전(王之田), 사동(己洞), 둔덕(屯德), 오지(梧枝), 덕고(德古), 지사(只沙), 진전(眞田), 보현(寶玄), 적과(迪果), 매안(梅岸), 고치(高寺)

읍내의 4방과 동, 서, 남, 북의 4면에 41개 방이 있어서 도합 45방임을 알 수 있다. 또한 이들 각 방(坊)에는 풍헌(風憲), 약정(約正), 도영장(都領將), 기찰장(譏察將), 도장(都將), 막장(幕將), 리정(里正), 감고(監考) 등이 각 1명씩 있었으며, 읍에는 도도영장(都都領將), 도도장(都都將)을 두어서 관리하였다.[6)]

원천방은 이 중에서 남원부의 동면에 속해 있는 방이었으며, 마을 수는 20개였다. 그런데 이 원천방은 15세기까지는 원천부곡으로 불리우는 지역이었다. 부곡은 일반 행정구역에 비해 외진 곳에 설치되었는데, 1454년(단종2)에 간행된 『세종실록지리지(世宗實錄地理志)』에 남원도호부에 원천(原川)·금안(金岸)·산동(山洞)·고정(古丁) 4곳이 부곡이었으며,[7)] 1530년(중종25)에 간행된 『신증동국여지승람(新增東國輿地勝覽)』에 이르러서야 이들 지역이 비로소 남원도호부(南原都護府) 고적(古蹟)조에 포함되었다. 당시 지리산 자락에 위치한 산동부곡(山

---

6) 같은 글, "各坊所任風憲一人約正一人 又都領將·譏察將·都將·幕將·里正·監考 各一人 東西南北四面各有都都領將一人都都將一人".

7) 『世宗實錄地理志』全羅道南原都護府

東部曲)은 남원부에서 남쪽으로 45리, 원천부곡은 동쪽으로 20리 떨어져 있었던 곳이었다.[8]

이 지역은 남원의 다른 지역보다는 좀 늦게 15세기 후반 사족의 활동이 증대되고 산간지역이 개척되었다. 1480년 경 전주에서 옮겨 온 완산박씨가 은송리에 정착하였으며,[9] 원천동 동약의 초대 동장이었던 정훈(鄭勳, 1563-1640)의 고조부 역시 이 무렵 원천동에 들어왔다.[10] 15세기 후반 경이었다. 왜란 때에는 많은 사족과 백성들이 이곳에 피난을 왔다. 임진왜란은 일본군이 주요 간선도로를 따라 진출하였고, 요충지에 소수의 병력을 주둔시키고 있었기 때문에, 주둔 지역의 읍치 외의 산간지역에 많은 사람들이 몰려들어 피신하였던 것이다.[11] 이에 산간지대인 원천방에도 많은 사람들이 피신하였으며, 이들 중에는 정유재란 때 조경남(趙慶男, 1570-1641)처럼 의병활동을 전개한 인물도 있었다. 조경남은 정유재란이 일어나자 무리 3백여 명을 일으켜서 왜적을 물리치면서 원천방 일대를 지켰기 때문에,[12] 사족을 포함한 많은 인물들이 큰 피해를 겪지 않았다. 이후 이곳은

---

8) 『新增東國輿地勝覽』卷39, 全羅道南原都護府, 「古蹟」; '山洞'의 표기가 『신증동국여지승람』에는 '山東部曲'으로 표기되어 있다. 이 지역은 흔히 '山洞'으로 표기한다.

9) 『디지털남원문화대전』(http://namwon.grandculture.net)

10) 朴世采, 『南溪先生文集』卷73, 墓碣銘, 「孝子慶州鄭君墓碣銘」, "君諱勳 字邦老 慶州人也 高麗大提學玄英之後 其六世祖弘德兵曹判書 至孫仲亨 流寓湖南之帶方府 因家焉"

11) 송정현, 「왜란의 발달과 경과」, 『조선 중기의 외침과 그 대응』(『신편한국사』29, 국사편찬위원회, 1995) 38~39쪽.

12) 『東岡先生遺稿』卷4, 序, 「山西雜錄後序」, "丁酉春。以勇武被選。爲軍門贊畫。終以祖母情勢辭歸。負老避兵于智異山中。日日遇賊。奮身擊逐搜山。諸賊莫敢相抗。偸攘之徒。亦畏而不敢恣行。從公者三百餘人。無一傷缺。山谷避竄之人。皆賴而全活"

풍광이 뛰어난 내촌 일대 등 여러 곳이 개척되었다. 원천방의 초대 동장(洞長)이었던 정훈(鄭勳, 1563-1640)은 산수를 사랑하여 원천방의 내촌에 입거하여 거주하였으며,[13] 같이 동약에 참여하였던 서산유씨인 유기명(柳起溟)도 내촌과 이웃한 용궁리에 거주하였다. 조경남 역시 1624년 과거에 합격한 이후에는 내촌의 용추동(龍湫洞)에 별장을 짓고 지냈다.[14]

이처럼 점차 인구도 늘고 사족들의 활동이 활발해지면서 17세기 이후에는 이곳이 원천리나 원천방으로 불리우게 되었다. 예컨대 최시옹은 1666년(현종7)에 지은 「난중잡록서(亂中雜錄序)」에서 왜란 때 난을 일으킨 조경남(趙慶男, 1570~1641)이 남원부 동쪽의 '원천리(元川里)'에서 태어났다고 하였고,[15] 남원성 남쪽의 신익룡(申益龍)에게 시집 간 열녀 이씨(1616~1670)가 1616년 남원부 동쪽 '원천리(源川里)'에서 태어났다고 하였다.[16] 최시옹은 원천리(元川里)'와 '원천리(源川里)'를 동일하게 사용하고 있다.

---

13) 정훈은 17세기의 대표적인 가사 문학가로서 남원의 동쪽에 거주하면서 '용추유영가'를 비롯하여 '성중중흥가', '탄궁가', '수남방옹가' 등을 남겼다 (『한국역대종합인물정보시스템』(http://people.aks.ac.kr. 한국학중앙연구원). 이중 용추는 내촌의 구룡구곡 중 제2곡의 용소를 가리킨다.

14) 『東岡先生遺稿』卷4, 序, 「山西雜錄後序」, "登甲子進士。自是屛跡衡門。絶意世事。遂築別業於方丈山西龍湫洞裡。徜徉逍遙。自稱山西病翁"

15) 조경남은 司直을 지낸 한양조씨 璧이 남원 梁氏와 혼인하여 이곳에 낙남하여 조경남을 낳았다는 것이다(『東岡先生遺稿』卷4, 序, 「山西雜錄後序」, "其先漢陽人。判中樞惠之後。戶曹判書崇進之玄孫也。其考司直璧娶于南原梁氏。因居于府東元川里。以隆慶庚午生公").

16) 『東岡先生遺稿』卷四, 贊, 「烈婦李氏贊 并叙」, "李氏慶州人。益齋齊賢之後。曾祖承伯移居雲峯。傳子瑀。世業儒術。至孫俊漢。娶南原安氏女。居于府東源川里。以萬曆丙辰生李氏。自幼少體精緊多智慮。毅然有大丈夫志槩。無兒女屑屑態。及笄歸同鄕城南申生益龍家。申卽高麗太師崇謙之裔"

이후 18세기 경에는 인구가 크게 늘었다. 1759년 경 간행된『여지도서(輿地圖書)』에 의하면 원천방(元川坊)의 민호는 259호, 남자는 419명, 여자는 3백 30명으로 늘었으며,[17] 다시 정조 때인 1789년에는 원천방(源川坊)은 16개 리, 총 호수는 387호로서,[18] 30년 만에 130호가 늘었다. 인구도 남자는 532명, 여자는 490명으로 늘었다. 당시 황령리(黃領里), 고촌리(高村里), 수침리(水砧里), 고치리(蘆峙里), 내촌리(內村里), 내용궁리(內龍宮里), 외용궁리(外龍宮里), 무수동리(無愁洞里), 송치리(松峙里), 행정리(杏亭里), 신기리(新基里), 학암리(鶴巖里), 평촌리(坪村里), 호곡리(虎谷里), 내기리(內基里), 용담리(龍潭里) 등이 원천방에 소속되어 있었다.

그러나 이들 마을은 1914년 원천방이 주촌방과 통합되면서 주천면 관할로 바뀌었다. 오늘날 주천면은 고기리, 덕치리, 배덕리, 송치리, 용궁리, 용담리, 은송리, 장안리, 주천리, 호경리, 호기리 등 총 11개의 마을인데, 배덕리, 송치리, 주천리를 제외한 나머지 8개 마을이 원천방에 속했던 마을이다. 이 중에서도 고기리와 덕치리는 상원천방, 신촌리, 용담리, 호기리, 장안리, 은송리, 호경리, 용궁리는 하원천방에 속했다. 이들 마을을 〈표2〉를 통해 살펴보면 다음과 같다.

---

17) 당시 남원은 17,782호에 인구는 36,306명(남 19,095명, 여 17,211명)이었다(『興地圖書』下, 全羅道南原(補遺).
18) 1789년 당시 남원은 11,157호, 인구수 43,111명(남 23,489명, 여 19,922명)이었다.

표2. 원천방의 마을(2007년 기준)[19]

행정리	마을명	주요성씨(入居順)	고도	면적	인구수
고기리	고촌마을	정씨, 이씨	500~600m	10.93km²	65세대, 146명(남자 78명, 여자 68명)
	내촌마을	경주이씨, 밀양박씨			
덕치리	회덕리		500m	6.12km²	74세대, 151명(남자 77명, 여자 74명)
	노치리	경주정씨, 경주이씨			
용궁리	내용궁	채씨·정씨, 서산유씨	300m	6.29km²	총 52가구, 183명
	외용궁				
호경리	내촌, 호정리	경주정씨, 연안김씨, 풍천노씨, 밀양박씨	250m	4.29km²	65세대, 134명(남자 65명, 여자 69명)
은송리	은행마을	완산박씨, 김씨, 노씨	220m	3.32km²	96세대, 235명(남자 125명, 여자 110명)
	내송마을	한양조씨, 경주김씨, 서산유씨			
호기리	호곡(범실)	노씨(필자 첨부)	200m	3.8km²	50가구, 260명
	안곡(안의실)	양씨, 공씨·유씨·노씨			
	신기(새터)	심씨, 정씨, 노씨			
장안리	무수마을	채씨, 풍천노씨, 수원백씨, 풍산홍씨	평지	1.48km²	168세대, 451명(남자 225명, 여자 226명)
	외평마을	채씨, 정씨, 노씨, 김씨			
용담리	용담리	김해김씨, 영천이씨	평지	1.75km²	123세대, 304명(남자 154명, 여자 150명)

〈표2〉를 통해 볼 때, 먼저 고기리, 덕치리, 용궁리, 호경리, 은송리, 호기리는 대체로 200m가 넘는 산중에 위치해 있는 인구 밀도가 낮은 전형적인 산간마을임을 알 수 있다. 이중에서도 고기리는 지리산 정령치에서 발원하는 원천천의 상류 지역이다. 마을의 고도가 500~600m에 달하는 가장 높은 지역에 위치하고 있으며, 인구수는 얼마 되지 않지만 마을 면적이 가장 넓은 전형적인 산간 지역이다. 덕치리는 고기리를 지나온 계곡물이 구룡폭포를 이루고 있는 지역으

---

19) 위 표는 디지털남원문화대전(http://namwon.grandculture.net)의 자료를 근거로 작성하였다.

로서 해발 500m대의 중산간 지대에 위치하고 있다. 용궁리는 해발 1,000m가 넘는 지리산 영제봉에서 발원하는 물이 마을 앞을 지나며, 마을 뒤에 4㎞에 달하는 큰 골이 형성되어 있는 곳인데, 해발 300m의 산간 지대에 위치한 중산간 농촌 마을이다. 호경리는 해발 250m의 중산간 지대로 마을 앞으로는 구룡계곡을 거쳐 원천천의 물이 세차게 흘러내려가는 지리산 국립공원의 입구에 해당되는 곳이다. 호기리는 남원시와 가까우며, 해발 200m의 중산간 지대로 구릉 지대에 위치하며 마을 앞으로는 원천천의 맑은 물이 흐르고 있다.

이에 비해 장안리는 1.48㎢ 면적에 168세대, 451명이 밀집되어 있는 평지촌락이다. 용담리도 평지촌락으로서 1.75㎢ 면적에 123세대, 304명이 거주하고 있다. 이들 마을 앞으로는 넓은 들이 펼쳐져 있고, 지리산 정령치와 영제봉에서 발원한 계곡물이 합류하여 관통한다. 고기리에서 발원한 원천천이 덕치리, 호경리, 은송리, 호기리를 거쳐 용담리 앞으로 흐르며, 영제봉에서 발원하는 계곡물이 용궁리를 지나 장안리를 거쳐 호경마을과 은송마을 중간지점에서 원천천과 합류하는 것이다.

또한 호기리와 장안리, 용담리 등은 일찍부터 동족부락이 발달하였다. 1934년 조선총독부 조사결과에 따르면 전라북도의 동족부락은 총 941개소이다. 그 중 남원의 동족부락 수는 89개소로서 9.4%를 차지하고 있다. 82개소였던 전주보다 더 동족부락이 발달한 지역임을 알 수 있다.[20] 그 중에서도 과거 원천방 지역에서는 장안리에 풍천

---

20) 1934년 조선총독부 조사기준으로 전라북도에서 남원보다 많은 동족부락이 있었던 곳은 김제군으로서 100여개소이며, 남원은 전라북도에서 두 번째로 많다. 그리고 전라남도와 비교해보면 순천 123개, 고흥 118개, 화순 128개, 무안 149개, 나주 105개, 영광 106개소로서 이들 지역은 동족부락 수가 남원보다 더 많다. 전라남도 지역이 동족부락이 더 발달하고 있음을 알 수 있다.(朝鮮總督府,「同族部落の分包」,

노씨 27호, 호기리에 풍천노씨 31호, 용담리에 영천이씨 27호가 동족부락을 형성하였던 것이다.[21] 이처럼 원천방은 조선 초기까지만 해도 부곡으로 불릴 정도로 지리산 자락의 외진 곳이었지만, 15세기 후반부터 지리산 계곡물을 이용한 水田農業이 활발해지고 왜란이나 정치 사회적 혼란을 피해 많은 사족(士族)들이 유입되었기 때문에, 이곳은 곳곳에 마을이 발달하였으며, 풍천 노씨 등이 다수 거주하는 동족부락도 출현하였던 것이다.

3. 자료검토

원천동약에 관한 문건은 현재 20여종이 전한다. 이 문건들은 1638년부터 지금까지 대략 약 370년의 기록이며, 현재도 계속 동약이 실시되고 있으므로, 앞으로도 계속 늘어날 것이다. 이를 표로 살펴보면 다음과 같다.

표3. 원천동약의 현존문건[22]

명칭	내용	작성연대	비고
『원천동안(源泉洞案)』	源泉洞案	1638(인조16)	32인
	約文	1638(인조16)	
『원천동약중수안 (源泉洞約重修案)』	源泉洞約重修鄕約節目	1662년(현종3)	
	新增節目	1667년(현종8)	

『朝鮮の聚落』後篇, 1934, 514쪽).

21) 같은 글.

22) 이 문건은 오병무, 「남원원동향약(南原源洞鄕約)에 관하여」, 『南原源洞鄕約』(全北鄕土文化研究會, 1994, 대흥기획) 11-13쪽의 글을 참조하여 작성하였다. 문건에 대한 소개 역시 오교수의 글을 크게 참조하였다.

자료	항목	연도	인원
『향약좌목(鄕約座目)』	鄕約案	1660(현종1)	
	鄕約序	1667(현종8)	
	條約	1667(현종8)	
『원천동약중수안 (源泉洞約重修案)』	源泉鄕約名案	1765(영조41)	61인(刀割포함)
	鄕約重修節目	1765(영조41)	
	追入案	1766-1776년	17인(刀割포함)
	追約	1776(영조52)	
	追入案	1781(정조5)	24인(刀割포함)
	追約, 新條約節目	1781(정조5)	
위로연기(慰老宴記)』	洞中慰老宴記	1780(정조4)	
	洞老	1780년(정조4)	13인
	慰老禮執事	1780년(정조4)	46인
	謹書慰老宴序後	1780년(정조4)	
원천사계안(源泉射契案)』	序文	1868년(고종5)	
	戊辰四月日重修契員座目	1868년(고종5)	57인
	壬午四月日重修契員座目	1882년(고종19)	62인
	畓案	1863년, 1864년	
『원천동향약안(源泉洞鄕約案)』	洞約重修序	1885년(고종22)	
	源泉洞重修鄕約節目	1885년(고종22)	
『원천원동수안(源泉元洞修案)』	源泉詩契序	1914년 5월	
	源泉元洞修案	1914년 5월	83인
		1915년-1935년	14인
『원동계안(源洞契案)』	龍湖亭建築契員案	1937년 11월	120인
	龍湖亭建築任員錄	1937년 11월	19인
	龍湖亭建築義捐金名簿	1937년 11월	109인
『원동계안(源洞契案)』	龍湖契序	1949년 4월	
	契規	1949년 4월	
	源洞契續修案座目	1949년 7월	39인
	新入案	1949년 7월	19인
	追入案	1949년 7월	24인
	源洞契續修案座目	1953년-1982년	
『용호계안(龍湖契案)』	龍湖契序	1949년 7월	
	契規	1949년 7월	
	契員名單	1949년 7월	251인

『용호계(龍湖契)』	慰老歲饌錄	1948년~1967년	
	契員仙化賻儀錄	1949년~1961년	
	表彰錄	1950년 4월	7인
『원동계용호시사 (源洞契龍湖詩社)』	源洞契龍湖詩社	1960년 4월	
『용호정중건계안 (龍湖亭重建契案)』	龍湖亭重建契案	1961년 9월	172인
	龍湖亭重建任員錄	1961년 9월	23인
	龍湖亭重建時配當義捐金名簿	1961년 9월	169인
『원동계안(源洞契案)』	龍湖亭實記	1963년 8월	
	龍湖亭上樑文	1963년 8월	
	龍湖亭記	1963년 8월	
	龍湖亭重建契案	1963년 10월	188인
	龍湖亭重建任員錄	1963년 8월	14인
	龍湖亭守護維持費醵出名單	1963년 10월	178인
『원동계용호시사 (源洞契龍湖詩社)』	龍湖亭源洞契詩社	1968년 5월	
『원동계안(源洞契案)』	源洞契案序	1971년	
『원동향약계중수안 (源洞鄕約契重修案)』	源洞鄕約契序	1992년	
『원동향약계실적기 (源洞鄕約契實蹟記)』	源洞鄕約契實蹟記	1994년	
	源洞鄕約契沿革, 表彰目錄, 經任案	1994년	
『원동계시도기(源洞禊時到記)』	源洞禊時到記名單	1914년~1994년	1,372인

위의 20 여개에 달하는 원천동약은 시행 과정과 성격상 대체로 네 시기로 구분할 수 있다. 첫 번째 단계는 17세기 중엽 인조 때부터 경종 때까지이다. 이 시기는 동약이 최초로 시작되고 동약의 형태가 갖추어진 때이다. 1638년『원천동안(源泉洞案)』이 작성되어 동약의 규약과 좌목이 만들어졌으며, 1662년『원천동약중수안(源泉洞約重修案)』과 1667년『향약좌목(鄕約座目)』에 의해 동약의 내용이 중수되었다. 이 시기에는 1675년에 용호 2곡에 원천동사(元泉洞舍)가 마련되어 노형망(盧亨

望)이 진외가댁인 광주의 박광옥(朴光玉)의 집에서 가져왔다고 하는 남전여씨와 주자의 영정이 봉안되었으며, 3월과 9월에 각각 석채례를 행하였다고 하며, 바로 옆에는 영귀정(詠歸亭)을 건립하여 선비들의 강학장소로 이용하였다고 한다.

두 번째 시기는 동약이 크게 중수되고, 풍천노씨 활동이 증가하는 시기이다. 시기적으로는 18세기 중엽부터 19세기 후반까지이다. 이 시기는 다소 차이가 있기는 하지만, 대체로 고을 단위가 아닌 면 단위에서 사족들의 영향력이 증대된 시기이며, 동족적 기반위에서 서원이나 사우(祠宇) 등이 경쟁적으로 건립된 시기이기도 하다.[23] 1765년『원천동약중수안(源泉洞約重修案)』이 작성되면서 퇴계향약의 영향을 받아 극벌, 중벌, 하벌의 규정을 마련하여 동약에서 사족들의 영향력이 강하게 나타나고 있다. 동약의 명부에서도 풍천노씨가 다수 가입하고 있어서 이 무렵부터 원천방에서 동족부락의 요소가 강하게 나타나고 있다. 1745년(영조22)에는 풍천노씨인 노동익(盧東益)이 용호 이곡에 사우를 중건하고 용호당(龍湖堂)이라 하였으며, 주자와 남전 외에 도암(陶庵) 이재(李縡)를 모셨다. 그리고 1780년 무렵에는 남원부사 송택규의 지원을 받아 제기와 제수를 마련하였고, '용호무이사(龍湖武夷祠)'로 명명하였다고 한다.[24]

이후 원천방에서는 동약의 활동이 더욱 활발해져 1780년(정조4)에

---

23) 이해준, 「사족 조직과 촌락민 조직」『조선시기 촌락사회사』(민족문화사, 1996) 222쪽.

24) 송택규(宋宅圭)는 1779년(정조3) 7월 남원부사로 부임하여 1781년(정조5) 12월 교체되었는데(李東熙 編, 『朝鮮時代 全羅道의 監司·守令領名單 －全北篇』(전북대학교전라문화연구소, 1995) 61쪽), 용호당에 제기와 제수를 마련해주고 '용호무이사(龍湖武夷祠)'로 편액하였다.

는 위로연을 베풀고 『위로연기(慰老宴記)』가 작성되었으며, 1802년 (순조2)에는 남원사족인 허교(許翹), 광주사족 정재명(鄭在明), 창평사 족 고대겸(高大謙)의 주선으로 우암(尤庵) 송시열(宋時烈)이 사당에 추 배되었다. 그리고 1868년(고종5)에는 향사례(鄕射禮) 모임이 결성되어 『원천사계안(源泉射契案)』이 작성되었으며, 1885년에는 『원천동향약 안(源泉洞鄕約案)』이 중수되었다.

세 번째 시기는 일제시기를 거쳐 오늘날에 이르는 시기이다. 이 시 기에는 원천동에서도 신분제가 폐지되어 사족들의 사회적 영향력이 현저히 감소하였지만, 대신 1914년 『원동시계(源洞詩契)』가 결성되어 시사활동이 활발해졌다. 1961년에는 용호정이 중건되기도 하였다. 그 리고 1949년에는 『원동계안(源洞契案)』이 만들어지고, 1971년, 1992 년에 동약이 중수되어 오늘날에까지 이르고 있다.

이어 동약의 문서 기재상의 특징을 살펴보도록 하자. 먼저 최초로 작성된 1638년의 『원천동안(源泉洞案)』에는 16쪽의 필사본에 '원천동 안(源泉洞案)'과 '약문(約文)'이 차례로 기록되어 있다. 여기에는 총 32 명의 인물이 수록되어 있는데, 기록된 인물을 문서에 기록된 대로 열 거하면 다음과 같다.

> (仙)鄭勳, (仙)丁士進, (仙)丁士立, (仙)趙慶男, (仙)柳挺震, (仙)金
> 廷售, (仙)柳起溟,
> (仙)丁命來, (仙)朴愉, (仙)金兌立, 丁命訓, (仙)崔厚貞, (仙)朴以湛,
> (仙)朴怡, (仙)鄭文炯,
> (仙)鄭文煥, (仙)丁命梅, (仙)梁之叟, (仙)金時立, (仙)丁命玉, (仙)
> 崔元重, 金商皓, (仙)崔元厚, 盧亨望, 朴再興, (仙)金以剛 除
> 宋末南(故), 宋漠南(故), 朴德輝, 金應福(故), 趙時牧, 趙時嬰 除

동안은 나이순으로 기록하였으며, 죽은 경우에는 仙과 故를 표기하였다. 1638년 이후 추가로 가입한 사람은 별지에 작성하였으며, 이 경우에는 故로 기록하였다. 이어 1662년(현종3)에는 『원천동약중수안(源泉洞約重修案)』이 작성되었다. 이 동안의 절목 뒤에는 주약(主約)인 박이담(朴以湛)과 정원형(鄭元炯), 부약(副約)인 김상호(金尙皓)와 채지장(蔡之長), 약정(約正)인 정명매(丁命梅), 부정(副正)인 양지수(梁之叟), 직월(直月)인 박협(朴悏)과 정만선(丁萬銑)의 직함과 이름이 적혀 있고 수결(手決)이 되어 있어서, 동약이 이들의 주도하에 중수되었음을 알 수 있다. 그리고 남원 부사의 수결이 있는 것으로 보아 이 동약은 남원 부사의 허가를 받아 시행되었음을 알 수 있다. 당시 남원부사는 민광숙(閔光熽)[25]이었는데, 민광숙은 문과에 급제하였을 정도로 큰 학자이기도 하였다.

이 동약의 뒤에는 28명의 명단이 기록된 동안이 붙어 있다. 동약은 신분 뿐만 아니라 나이를 중시하였으므로 동안에 기록된 인물들이 나이순으로 기록되어 있다. 동약의 임원 역시 대체로 나이를 중시

---

25) 민광숙(閔光熽, 1610(광해군 2)~?)은 본관은 여흥(驪興). 자는 경명(景明). 군수 사용(思容)의 증손으로, 할아버지는 정랑 여준(汝俊)이고, 아버지는 근(根)이며, 어머니는 조경위(趙景暐)의 딸이다. 설(㰔)에게 입양되었다. 참군(參軍)으로 1651년(효종 2) 정시문과(庭試文科)에 병과로 급제하였다. 1659년 병조정랑으로서 삼방낭청(三房郎廳)의 기주관(記注官)을 겸하였으며, 같은 해 12월 사헌부지평(司憲府持平)에 이르렀다. 1660년(현종 1) 그는 여성제(呂聖齊)와 함께 임금의 부름에 병으로 응하지 못하였음을 이유로 사퇴하고자 하였는데, 이때 장령(掌令) 성후설(成後卨)의 상소로 관직이 교체되었다. 그는 1660년 5월『효종실록』편찬을 위하여 실록청이 개설되었을 때 김수흥(金壽興)·김만기(金萬基) 등과 더불어 춘추관(春秋官)을 겸하기도 하였다. 이듬해 12월 남원부사(南原府使)로서 유학(幼學) 이상고(李尙固), 전부사(前府使) 최일(崔逸) 등과 함께 의금부에서 진전(陳田) 지급과 관련되어 문초를 받기도 하였다. 1666년 8월 장령에 임명되었으며, 이듬해 정월까지 장령으로서 여러 차례 언론활동을 하였다.

하여 직책을 맡았다. 예컨대 박이담은 동안의 가장 첫 번째, 정원형은 동안의 두 번째에 기재되어 있다. 이들은 당시 동약에 가입한 사람 중에서도 가장 나이가 많았던 것이다. 그리고 부약을 맡은 김상호는 1638년 작성된 동안에는 한칸 아래로 기록되어 있으나, 1662년 작성된 동안에는 다른 임원의 위치와 똑 같은 위치에 기록되어 있다. 이는 같은 동안의 좌목에서 양서운(梁聖澐)이나 박협(朴悏), 정비(鄭庇), 채유화(蔡有和), 조신(趙愼) 등이 한 칸 아래로 작성된 것과 비교된다. 한 칸 아래로 기재되는 인물들이 주로 서얼 등의 중인이었음을 고려할 때, 김상호의 경우 1638년부터 1662년 사이에 신분의 변화가 일어난 것으로 보인다.

　원동향약은 원천동의 여러 마을에 기주하는 사족을 대상으로 이루어졌다. 1868년(고종5) 작성된 『원천사계안(源泉射契案)』의 서문에 '우리 동에 사계가 있었던 것이 오래되었다(吾洞有射禊者久矣)'라고 하고 있으며, 이어 작성된 「무진사월일중수계원좌목(戊辰四月日重修契員座目)」에 총 10개 마을에서 60명이 참가하였다. 이를 살펴보면 다음과 같다.

표4. 『무진사월일중수계원좌목(戊辰四月日重修契員座目)』

마을명	계원명	인원
외용궁	이천길, 이일준, 장한도, 김도순, 문락구, 이영인, 김상옥, 박기환, 이광렬, 문종팔, 박원칠, 장인권, 양재권, 김정담, 문찬국, 장필권, 강달문, 문한규, 김석교, 오일복, 문성명, 양기순, 김광화	21명
내촌	김우연, 김은수, 이진표, 양경용, 안병식	5명
무수동	안종렴, 노광삼, 백영택, 한달수, 한정석	5명
외평	노희수, 노일수, 장진화, 권치관, 이영신	5명
호곡	노철현, 노복현	2명
신기	이치종, 이영록, 김정근, 공천근, 황학신, 김흥태, 노태수	6명
안곡	노광홍, 심원택	2명

송치	유병룡, 김찬실, 김명주, 김찬문, 유사현, 조상원	5명
행정	박현수, 박문대	2명
용담	이상문, 이만문, 김성철, 이영달, 심창룡, 이광록, 김정두	7명
합계 10개 마을		60명

총 10개마을 60명 중 외용궁이 21명으로 가장 많이 참여하였으며, 용담이 7명, 신기, 외평, 내촌, 송치가 5명, 안곡, 행정, 호곡이 각각 2명이 참여하였음을 알 수 있다. 높은 산지 마을이었던 고기리와 덕치리는 명단이 없다. 따라서 이 계안은 비교적 낮은 산지에 속하는 마을이나 평지에 자리잡은 하원촌방의 촌락이 위주를 이루고 있으며, 주로 사족들이 참여하였다고 할 수 있다.

4. 원천동 동약의 특징과 의의

1) 동약 조직의 특징과 의의

먼저 원천동 동약은 동약의 조직과 관련하여 주목해야 할 것은 이 동약이 1639년 무렵 남원 사족들의 향회가 조직될 무렵 결성되었다는 점이다. 남원에서는 1639년 이상형(李尙馨)에 의해서 광주의 향규(鄕規)를 본떠 향회의 임원과 운영원칙, 향임의 선출과 역할을 규정한 향규가 작성되었고, 1640년 남원의 대표적인 사족들의 회합에 의해 보완되어 관의 인준을 받아 실시되었다.[26] 이러한 남원 전체의 사족들을 대상으로 한 향회에 비해, 원천동약은 남원부에 소속되어 있는

---

26) 金炫榮, 「南原地方 士族支配秩序의 確立」, 『朝鮮時代의 兩班과 社會』, 1999, 74-77쪽.

원천방에 거주하는 사족들을 대상으로 결성되었다. 당시 남원 사족들은 1623년 인조반정 이후 사족들이 공동체의 안정을 위하여 남원부 전체를 대상으로 주자가 증손한 여씨 향약과 광주의 향약을 토대로 남원부의 향약이 설립하였으며, 이어 각 리(里) 또는 방에도 향약을 설립하여 유교적 예속을 보급시켜나갔던 것이다.[27] 전술하였듯이 지리산 산간지대에도 원천방에서 1638년 동약이 실시되었으며, 1670년경에는 최시옹 등에 의해서 지리산 자락인 소아방와 중방방을 합하여 동약이 실시되었으며, 1680년 경에는 백암방에 동약이 실시되기에 이르렀던 것이다.[28]

또한 남원에서는 1601년부터 1700년까지 향회의 구성원인 향안이 작성되었는데, 원천동약의 좌목 역시 향안조직의 영향을 상당히 받았던 것으로 여겨진다. 즉 향회는 사족을 대상으로 하였기 때문에, 신분적으로 부(父), 모(母), 처(妻)의 3향(鄕)에, 서얼(庶孽)이나 향리(鄕吏) 또는 범법자(犯法者)의 피가 섞이지 않아야 들어갈 수 있다. 아무리 학덕이나 관작이 높아도 3향이 불확실하면 들어갈 수 없는 것이다. 비록 남원 향안이 규정이 완화되어 1601년 41원(員), 1603년 43원, 1607년 53원, 1623년 53원, 1639년 160원, 1655년 219원, 1679년 437원, 1700년 620원 등으로 향안에 입록된 인물이 계속 늘었음에도 불구하고, 이 원칙은 변하지 않았다.[29] 서얼이 향안에 입

---

27) 『東岡先生遺稿』卷2, 書, 「與李地主聖漢」, "癸亥以後。亦未復古。前輩以是病焉。設立鄕約之規。既取呂氏鄕約朱夫子所增損者。又取光山先輩所論而參酌之。既定一邑之鄕約。又定各里之鄕約。以示善惡勸懲之道矣"

28) 주2) 참조

29) 金炫榮, 「南原地方 士族支配秩序의 確立」, 『朝鮮時代의 兩班과 社會』, 1999, 65-116쪽.

록하게 된 것은 18세기 말에 이르러서이며, 이때부터는 향안이 더 이상 작성되지 않게 된다.

　원천동약 역시 남원향안의 영향을 받아 사족과 서얼을 구분하고 있는 점이 특징이다. 즉 원천동약은 1638년 작성된 계원 명단부터 1780(정조4)년 『위로연기(慰勞宴記)』까지 서자인 경우 적자와 구분하여 한 칸 내려서 기록하였다. 예컨대 1638년 작성된 동안에 (仙)丁命來, 丁命訓, (仙)鄭文炯, (仙)鄭文煥, 金商皓 등은 한 칸 아래에 이름이 기록되어 있다. 이는 다른 향약이나 동약 자료에서 보듯이 이들이 서자(庶子)이었기 때문이다. 당시 동약에서는 절목에서도 양반과 서얼을 구분하고 있었다. 즉 1638년이나 1662년 동약의 규정에서 아랫사람이 윗 사람을 공경하며 능멸하지 못하도록 하였고, 마을 가운데에 하유사(下有司)가 따로 있었으며, 상·하인(上下人)을 구분하여 초상 때에도 달리 대우하였다. 또한 1765년에 작성된 향약중수안에서는 상도(上徒), 중도(中徒), 하도(下徒)로 구분하여, 장례를 치룰 때에 상, 중, 하도의 대우를 달리 하였다. 즉 상도는 마을의 향도군이 하루 동안 부역을 하지만, 중도는 동약원과 노자군(奴子軍)만 참여하도록 하였던 것이다.[30) 따라서 원동동약은 명단 기재시에 적서를 구분하여 입록하였다고 할 수 있는 것이다.

　또한 1765년 (영조41) 작성된 『원천동약중수안(源泉洞約重修案)』에는 풍천노씨들이 대거 입록되고 있다. 이 동약중수안에는 삭제된 사람을 포함하여 총 61명의 인원 가운데 풍천노씨가 14명이며, 삭제된 사람 위에 풍천노씨가 기록되어 있기도 하다. 그리고 1885년 작성된

---

30) 향약중수안, "三洞香徒軍 上徒葬時則一日赴役 而洞員甚多 下徒甚尠 中徒葬時 洞
　　員奴子軍外 三洞香徒 勿許赴役 "

「원천동향약안(源泉洞鄉約案)」에는 동장(洞長), 약정(約正), 부정(副正), 직월(直月) 등 총 5명이 기록되어 있는데, 그 중에서도 풍천노씨는 약정(約正)과 부정(副正), 직월(直月) 등 3명이나 된다.[31] 이 무렵 원천동 동약은 풍천노씨에 의해 원천동향약이 주도되고 있었던 것이다.

이 무렵 풍천노씨는 호곡 일대에서 점차 장안리 쪽으로 이동하였다고 추정된다. 앞서 살펴본『무진사월일중수계원좌목(戊辰四月日重修契員座目)』에서 풍천 노씨는 호곡 외에도 안곡1명, 무수동1명, 외평 2명이 나타나고 있어서 풍천노씨의 거주지가 호곡에서 장안리 쪽으로 확산되고 있음을 알 수 있다.

더욱이 1882년(고종19) 작성된『임오사월일중수계원좌목(壬午四月日重修契員座目)』에는 내촌(內村)마을에 거주하는 낭성용(梁卿容), 긴우연(金瑀淵), 이봉규(李鳳奎), 이진표(李珍杓), 안병직(安秉植), 김사룡(金沙龍), 노학일(盧學一), 노규현(盧圭鉉), 임종면(林鍾冕), 노원해(盧元海), 정희룡(鄭熙龍) 등 총 11명 중 3명이 풍천노씨이다. 당시 계원좌목이 나이순으로 기재되었기 때문에 점차 세월이 갈수록 마을에서의 풍천노씨의 우위가 현저해졌을 것이다. 인근 마을에서도 풍천노씨가 점차 많아졌다. 1882년 당시 작성된 동안의 좌목에서 외평과 무수등의 각각 8명의 계원 중 4명이 풍천노씨로서 점차 외평, 무수동의 장안리에 풍천노씨들이 다수 거주하기 시작하였다. 점차 동족부락의 기반이 마련되고 있었던 것이다.

---

31) 향약 중수시 임원 명단은 洞長 柳學春, 約正 盧韞壽, 副正 盧寅壽, 直月 盧璜, 柳謹謹이다(『南原源洞鄉約』,「鄉約重修節目(1765)」).

2) 동약 내용의 특징과 의의

원천동 동약은 먼저 유교적 예속이나 교화를 중시하였던 점을 그 특징으로 들 수 있다. 원천동 동약에서는 부모에게 효도하며, 형제와 친척들간에 우애있게 지내고, 부부간에 올바른 도리를 지키며, 이웃 어른을 공경하며 화목하게 지내는 등 가정과 향당에서의 유교적 예속을 중시하였다. 이 절목은 전시기에 걸쳐 동일하게 나타난다. 이러한 원천동 동약에서 구성원들이 가장 중시한 것은 혼인과 상장이었다. 먼저 혼인 시에는 다음과 같은 규정을 두었다.

1-1) 혼인에는 백미 2말, 흰종이 1권, 닭 2마리, 들깨 3되, 나락 3 말, 하도(下徒)에게 명하여 가는 풀 2섬, 땔감나무 3단, 숯 1섬, 거화군 10명을 모으게 하고 유사가 친히 점검한다.(1638년 「원천동안(源泉洞 案)」의 규정)[32]

1-2) 혼인을 한 사람에게나 과거에 합격한 사람에게는 매 약원마다 백미 5되, 닭이나 꿩 가운데 1마리(1662년 「源泉洞約重修鄕約節目」의 규정)[33]

1-3) 혼인에는 백미 3말, 산 닭 2마리, 하도(下徒)에게 명하여 가는 풀(細草) 3섬, 숯 1섬, 땔나무 5단, 거화군 횃불잡이 10명을 모으되 직월이 친히 점검한다(1667년 「新增節目」의 규정)[34]

1-4) 혼인과 喪葬을 당하였는데 아무런 까닭이 없이 때를 지나친 사람…… 중벌에 처할 것이며 경중에 따라 벌을 내린다(『源泉洞約重修案』

---

32) 「源泉洞案」(1638), "婚姻白米二斗 白紙一卷 鷄二首 荏子三升 正租三升 令下徒細 草二石 燒木三丹 炭一石 擧火軍十名 有司親點

33) 「源泉洞約重修鄕約節目」(1662), "扶助, 婚姻科名 每員白米五升 鷄雉中 一首"

34) 「新增節目」(1667), "婚姻白米三斗 生鷄二首 令下徒細草三石 炭一石 燒木五丹 擧 火軍十名 直月親點"

「鄕約重修條約節目」(1765))의 규정.[35]
　1-5) 혼인을 한 사람에게나 과거에 합격한 사람에게는 매 약원마다
백미 5되, 닭이나 꿩 가운데 1마리(1885년『원천동향약안(源泉洞鄕約
案)』「源泉洞約重修鄕約節目」의 규정)[36]
　1-6) 혼인을 한 사람에게나 과거에 합격한 사람에게는 매 약원마다
백미 5되, 닭이나 꿩 가운데 1마리(『源泉洞鄕約案)』「源泉洞約重修鄕約
節目」(1885))의 규정

혼인에 관한 규정을 시기별로 나열해 보았는데, 이들 규정에서
1638년 마련된 규정이 이후 혼인시 부조의 토대를 이루고 있음을 알
수 있다. 즉 1-1)에서 마련된 혼인 규정에 백미 2말, 흰종이 1권, 닭
2마리, 들깨 3되, 나락 3말, 하도(下徒)에게 냉하여 사는 풀 2섬, 맬
감나무 3단, 숯 1섬, 거화군 10명을 모으게 하고 유사가 친히 점검하
게 하였는데, 이 규정이 1-3)에서도 재차 확인되고 있다. 그러나 부
조의 액수가 점차 축소되고 있다. 1765년에는 아무런 규정이 없고,
1885년에는 축소되어 있으며, 1949년 작성된 규정에는 혼인 규정이
들어 있지 않다. 따라서 혼인의 경우는 부조 액수가 점차 줄어들었으
며, 동약에서 그리 중시하지 않았음을 알 수 있다.
　이에 비해 상장 때의 부조는 동약에서 가장 큰 비중을 차지하였다.
이를 시대별로 차례로 살펴보면 다음과 같다.

---

35) 『源泉洞約重修案』「鄕約重修條約節目」(1765), "婚姻喪葬　無故過時者…… 已上中
　　罰　約中從輕重施罰"
36) 『源泉洞鄕約案)』「源泉洞約重修鄕約節目」(1885), "扶助, 婚姻科名　每員白米五升
　　鷄雉中　一首"

2-1) 초상을 당하면 초석(草席) 2개, 백지 1권, 상지(常紙) 1권, 생마(生麻) 2근, 송진 3되를 준다. 위, 아래 동내(上下洞內)에서 각기 짚으로 꼰 새끼 10 줌, 간추린 짚 5 줌, 장목(長木) 한 개를 가지고 가서 전부 부역하며 유사가 친히 점검한다.[37]

2-2) 장례 때에는 위, 아래 동내에서 점심을 가지고 하루를 부역하며, 담지군은 위, 아래 동내에서 윤번으로 하게 하며 유사가 점검한다.[38]

2-3) 하도(下徒)가 초상을 당하면 백미 2말, 백지 1권, 상지 1권, 들깨 3되를 준다.[39]

이 규정은 1638년의 규정이다. 이 규정에 의하면 상장례에 상도(上徒)와 하도(下徒)가 달리 상장을 돕게 되어 있음을 알 수 있다. 초상을 당하면 상도에게는 초석(草席) 2개, 백지 1권, 상지(常紙) 1권, 생마(生麻) 2근, 송진 3되를 주고 위, 아래 동내(上下洞內)에서 각기 짚으로 꼰 새끼 10 줌, 간추린 짚 5 줌, 장목(長木) 한 개를 가지고 가서 부역하도록 되어 있다. 하도는 백미 2말, 백지 1권, 상지 1권, 들깨 3되를 주어 부조액수는 큰 차이가 없으나, 부역에 대한 규정이 없다. 장례 때에는 위, 아래 동내에서 점심을 가지고 하루를 부역하며, 담지군은 위, 아래 동내에서 차례로 하게 하며 유사가 점검하도록 하였던 데 비해 하도는 규정이 없다.[40]

---

37) 「源泉洞案」(1638), "節目二 初喪 草席四立 白紙一卷 常紙一卷 生麻二斤 松脂二升 上下洞內 各持蒿索十把 蒿軸五把 長木一介 無遺赴役 有司親點"

38) 같은 글, "節目三 葬時上下洞內 持點心 一日赴役 擔持軍則上下洞內 輪次使之 有司親點"

39) 같은 글, "節目四 下徒有喪 則白米二斗 白紙一卷 常紙一卷 荏子三升

40) 같은 글, "節目三 葬時上下洞內 持點心 一日赴役 擔持軍則上下洞內 輪次使之 有司親點"

이러한 규정을 통해 볼 때 1638년 마련된 규정은 상, 장례에서 사족과 평민의 차별을 볼 수 있다. 사족의 상, 장례 때는 마을 전체 사람들을 동원시키고 있었던 것이다. 이러한 규정은 1662년(현종3)에 작성된 「원천동약중수향약절목(源泉洞約重修鄕約節目)」에서 좀 더 보완된다. 상장 때에는 '약원마다 쌀, 콩 중에 5되, 백지 1권, 1섬짜리 빈 가마니 2개, 역부(役夫) 1명'[41] 지급할 것을 규정하고 상도(上徒)의 상사(喪事)에 하도(下徒)가 돕게 하되 상도도 담지군에게 10리에 1필씩을 지급하도록 규정하였다.[42] 그리고 하도도 상을 당했으면 사람을 보내 위문하고 백지 1권을 부조하도록 했다.[43] 비록 양반과 상민 간에 상도와 하도의 차별을 두긴 하였지만, 마을 공동체를 유지하기 위한 평민들의 협조가 필요하였기 때문에, 상례와 같은 의례에 평민들을 최대한 배려하지 않을 수 없었던 것이다.

또한 1667년(현종8)에 규정된 신증절목(新增節目)에는 상장례에 대한 보다 상세한 규정이 마련되었다.

> 3-1) 초상을 당하면 초석 4개, 생마 3근, 송진 3되, 관 도배지 1부, 빈청을 만들기 위해 하도(下徒)의 명수(名數)를 반으로 나누어 일을 마칠 때까지 각각 소용되는 것을 가지고 일을 마친다.[44]
>
> 3-2) 장례 때에는 상도(上徒)는 각기 장정 노비 1명을 내어 점심을 가지고 부역하고, 하도(下徒)가 절반을 담지(擔持)한다. 중인의 상사에

---

41) 源川洞重修鄕約節目(1662), 扶助, "喪葬每員 米太中五升 白紙一卷 空石二立 役夫
　　一名"
42) 같은 글, "一 上下相顧 上徒有喪 則下徒助役 擔布十里一疋式 計給事
43) 같은 글, "○下徒有喪 則直月遣人慰問 白紙一卷 扶助事
44) 「新增節目」(1667), "初喪 草席四立 生馬三斤 松脂三升 塗棺紙一部 殯廳造作次 下
　　徒名數分半 各持所入 期於畢役

는 상도군(上徒軍)은 남김없이 부역하고, 하도군(下徒軍)은 절반은 그 주가(主家)의 분부에 따라 부역한다. 모든 역군은 직월(直月)이 친히 점검하고 감독하며 늦게 도착한 자는 태벌(笞罰)하고 뒤에 참여시킨다.[45]

3-3) 하도(下徒)의 상에는 백미 2말, 초석 한 개를 내어주고, 새로 들어와서 1년이 못 되는 자는 부조하지 않는다. 상도(上徒)가 상을 치를 때에는 원근을 막론하고 하루 일을 해주고, 일을 하는 사람에게 주가(主家)에서 특별히 술과 식사를 넉넉히 준비한다. [46]

위 규정 역시 1662년 때와 큰 차이가 없으나, 하도군의 절반이 빈청을 만들거나 장례시에 동원되도록 하였고, 중인(中人)의 상에도 상도군과 하도군이 동원되는 규정을 두었음을 알 수 있다. 또한 새로 들어온 동약원에게는 1년 내에는 상을 당해도 부조를 하지 않도록 하여 신, 구 약원에 대해 다소 차별을 두었음을 알 수 있다. 1667년 마련된 규정은 1765년에 이르면 보다 세분화된다.

4-1) 상도(上徒)가 상을 당하면 직월이 통문을 발송하여 부고를 알려 동약원들이 모두 모여 호상케한다. 각기 노복 1명과 빈 가마니 1개를 내어 빈청을 만들게 한다. 주가(主家)에서 만약 장례까지 일을 해주기를 바라면 소원에 따라 뒤에도 참여시킨다. 또 주가가 가난하여 예를 갖추지 못하고 일을 부리기를 바라지 않으면 매 1명당 백미 2되씩을 직월이 거두어 주가에 보내어서 서로 돌보는 정의를 간직한다.[47]

---

45) 같은 글, "葬時則上徒各出壯老一名 持點心赴役 下徒一半擔持 中人喪事 上徒軍 則無遺赴役 下徒軍 則一半聽其主家分付 赴役 而凡役軍 直月親點 晚到者 笞罰退立事"

46) 같은 글, "一 下徒之喪 白米二斗草席一立出給 而新入未周年者 勿扶上徒行喪 不計遠近 以窮一日之役 而行者主家則別樣優備酒食事"

47) 『源泉洞約重修案』「鄕約重修條約節目」(1765), "一 上下相顧 上徒有喪 則直月發文告訃 洞員齊會護喪 各出奴子一名空石一立 成造殯廳 而主家若願立役於葬時 從願退

　　4-2) 세 마을의 향도군(香徒軍)은 상도(上徒)의 장례 때에는 하루를 부역을 하는데 동약원이 매우 많고 하도(下徒)는 매우 적다. 중도(中徒)의 장례 때에는 동약원의 노자군(奴子軍) 외에는 세 마을의 향도에게는 부역을 시키지 않는다.[48]

　　4-3) 중도(中徒)의 상장에는 세 마을(三洞)의 향도군(香徒軍) 외에 무릇 서로 돌보아주는 도리와 관계된 것은 상도(上徒)에 의거하여 차별이 없게 한다.[49]

　　4-4) 하도(下徒)가 상을 당하였을 때는 상도(上徒)의 약중(約中)에서 백지 1속을 조치해 두었다가 직월(直月)이 사람을 보내 위문하고 부조한다. 그리고 또 본 마을에 분부하여 서로 돌보게 한다.[50]

　이 규정은 상도, 중도, 하도가 별도로 향약조식을 운영하였음을 알게 하는 구절이다. 상도가 상을 당하면 상도가 참여하여 빈청을 만들고 장례때까지 돌보아주도록 하였고, 중도는 장례시에 동약원의 노자군으로 치루고 향도(香徒)는 동원하지 않도록 하였으며, 하도가 상을 당하면 상도의 약중에서 백지 1속을 보내고 해당 마을에 상을 잘 치루라고 분부하는 것 등이 규정되어 있다. 당시 원천동은 양반사족의 경우 상도, 서얼 등의 중인은 중도, 평민 등은 하도로 구분하여 상, 중, 하 합계(合契)를 운영하였으며, 장례 시 상호부조를 통해 원천동의 향촌사회를 유지하고자 하였음을 알 수 있다.

立 又主家貧不具禮 不願使役 則每名白米二升式 直月收捧 送于主家 以存相顧之意"

48) 같은 글, "三洞香徒軍 上徒葬時則一日赴役 而洞員甚多 下徒甚尠 中徒葬時 洞員 奴子軍外 三洞香徒 勿許赴役

49) 같은 글, "中徒喪葬 三洞香徒軍外 凡干相顧之道 依上徒無差"

50) 같은 글, "下徒有喪 則自上徒約中 措備白紙一束 直月遣人慰問扶助 仍又分付本里 使之相顧事"

이 밖에도 상장을 돕기 위해 담지군이나 대상과 소상, 개장, 장례 시 부조의 규정 등이 마련되어 있었다.

5-1) 담지군(擔持軍)은 발인 하루 전날 밤에 유사가 모이게 하여 군정(軍丁)을 일일이 점검하고 주가(主家)에서는 담지군에게 밥을 지어 먹인다.[51]

5-2) 동약원의 대상과 소상 때 직월(直月)이 통문을 보내서 모이게 하여 위문한다.[52]

5-3) 동약원 중에 부모를 개장하는 자가 있으나 일찍이 부조를 받지 않았으면 한결같이 상때의 부조를 허락하고, 군정(軍丁)이나 호상(護喪)하는 방도도 약문에 따라 시행한다.[53]

5-4) 장례 때의 부조는 나락 한 가마로 하되 동약원의 군역은 쌀 값으로 대신할 수 있다. 현재의 재력이 다하여 계중에서는 지급할 형편이 결코 못된다. 금년 봄부터 경오년 12월 이전 까지 장례의 부조는 당초의 조약에 따라서 매 약원마다 각각 쌀 두 되를 내어 돕는다. 이전에 앞서 쌀을 수합할 때 이리저리 모두 수합하지 못하는 문제점이 없지 않았다. 지금부터는 유사가 고지기에게 일일이 수합하게 한 뒤 상가(喪家)에 통고하여 취하여 사용할 수 있도록 한다. 그리고 아직 거두어들이지 못한 곳이 있다면 계중에서 수량을 채워서 지급하고 그 해 가을에 벌로 나락 한 말을 거두어 드린다.[54]

---

51) 같은 들, "擔持君發軔前一日夕時 有司聚會 軍丁一一扣點 而夕飯自主家炊餉事

52) 같은 글, "一 約中人大小祥 直月亦皆 出文齊會致慰事"

53) 같은 글, "一 洞員中 或有改葬父母者 而曾未受扶助 則只許一喪扶助軍丁 及護喪之道 則依約文施行事"

54) 같은 글, "葬時扶助一石租 自是洞員軍役價米代 而卽今財力罄盡 萬無自契中備給之勢 自今年春 至庚午十二月以前 葬時賻助 依當初條約 每員各出米二升相助 而自前此米收合之際 或不無錯落未盡之患 自今以後有司使庫直一一收合後通于喪家 以爲取用之地 而猶或有未收處 則自契內 充數以給 卽於其年 秋罰租一斗收捧事"

담지군은 발인 하루 전에 모여서 유사의 점검을 받는다는 것, 대상과 소상 때에도 직월이 동약원을 모이게 하며, 상장 때 혜택을 받지 못한 동약원은 부모 개장시 동일한 혜택을 준다는 것 등이 규정되어 있다. 또한 당시 담지군의 일에 대해서 동약에서 쌀을 거두어 그 댓가를 마련해주었는데, 제 때에 내지 못한 사람은 쌀 1말을 내게 하여 상례에 협조하지 않은 동약원에 대한 벌이 상당히 위중하였음을 알 수 있다.

그리고 이 시기에는 남전여씨와 주자 등의 영정을 모시고 춘추로 강신하였던 용호당을 수호하기 위해 노력을 기울이고 있음이 주목된다.

하나. 지금 우리 동약한 사람들이 재력이 바닥난 때에도 징성을 다하고 온전함을 추구하는 것은 참으로 호당(湖堂)을 보호하기 위해서이다. 세상에서 혼인이나 장례 때 부조하거나 노니는 비용을 만들기 위해 재물을 모아 계를 만들고 구구히 이익을 쫓아 이식을 추구하는 것과는 그 경중이 다르다. 그러므로 그 지탱하고 보존하는 도리상 별도로 구획하지 않을 수 없다. 지금부터는 계입(繼入), 신입(新入)을 물론하고 혹 다른 방이나 타관(他官)에 옮겨가서 돈을 내어주라고 하는 사람은 원납한 보곡(寶谷)은 절대로 돌려주지 말고 호당을 계속 수리하는 비용으로 보조하는 것이 도리상 당연하다. 또한 혹 불행히 윤리를 해치고 기강을 무너뜨린 사람은 동약 조직에서 삭출(削黜)하는 일이 있으면 원납한 보곡은 액수에 맞추어 내어 주고 영구히 단절한다는 뜻으로 내어준다. 새로운 조약 이전의 일에 대해서는 오직 스스로 자처하도록 하고, 이 조약에 구애받지 않는다.[55]

---

55) 같은 글, “一 今我同約之人竭誠求全於財力板蕩之餘者 亶在於爲護湖堂之意 則與世之或爲婚葬之助 或爲服屨之備 聚貨作契 區區逐利 鎖鎖求息者 輕重自別 其於支保之道 不可不別樣區劃 自今以後勿論繼入新入 雖或有移居他坊與新官 而請出之員

라고 하여 용호당을 계속 유지 보존하는 것을 혼인이나 상장 때의 부조나 시사 등의 모임보다는 훨씬 중시하고 있음을 알 수 있다. 특히 돈을 내고 동약에 들어온 사람이 다른 방이나 고을에 가더라도 돈을 내어주지 않으며, 동약 명단에서 제명되는 벌을 받을 때에만 돈을 내어주도록 하였던 것이다.

> 6-1) 혼인을 하거나 과거에 합격한 사람에게는 각 동약자로부터 백미 5되, 닭이나 꿩 가운데 한 마리를 거두어 준다.[56]
> 6-2) 상장에는 동약원마다 쌀이나 콩 중에서 5되, 백지 1권, 빈가마니 2개, 역부 1명[57]
> 6-3) 무릇 동약원이 상을 당하면 직월은 글을 보내 알려 조문하게 하고 장례까지 호상(護喪)을 하고 대소상에도 일제히 나아가 위로한다.[58]

이처럼 1885년 이후에는 상장 때의 기능이 크게 축소되었는데, 이는 신분제의 해체와 함께 유교적 교화가 쉽지 않았음을 반영하는 것이라고 할 수 있다. 이러한 상장 때의 기능의 축소는 일제를 거쳐 해방 무렵에 이르면 '계원이 죽었을 때 백지 1속을 부의한다.'로[59] 기능이 더욱 약화되었다.

원천동 동약은 이러한 유교적 예속이나 신분질서를 유지하기 위하

元納寶谷 切勿還給 以補湖堂修葺之備 道理當然 而亦或不幸 有傷倫敗紀之人 自約中有削黜之擧 則元納寶谷 準數出給 以永永絕之意爲乎矣 新條約以前之事 惟有觀其自處之如何爾 勿狥此約事"

56)『源泉洞鄕約案)』「源泉洞約重修鄕約節目」(1885), "婚姻科名 每員白米 五升 鷄雉中一首"

57) 같은 글, "一 扶助○喪葬 每員米太中五升 白紙一卷 空石二立 役夫一名"

58) 같은 글, "一 凡洞人有喪 直月出文 齊進弔之 葬時護喪 大小喪 亦皆齊進致慰事"

59)「源洞契案契規」(1949), "一 契員仙化時 以白紙一束 賻儀事"

여 선·악적(善惡籍)을 두고, 상벌을 실시하였다. 이 규정은 1638년 동약을 시작할 때부터 제정되었으며, 1662년 동약을 중수할 때부터 이황이 제정한 예안향약을 본받아 극벌(極罰), 중벌(中罰), 하벌(下罰) 의 규정을 두었다.[60] 선한 경우는 상을 주기도 하고 관에 보고하여 포상하도록 하였다. 동약의 규정을 어긴 경우에는 악적에 기록하고 동약원들에게 벌로 한 턱 내야 하는 제마수(齊馬首)나 일정기간 공식 모임에 참여할 수 없는 손도(損徒)의 벌을[61] 가하도록 하였으며, 심한 경우는 삭적(削籍)하도록 하여 유교적 예속에 기반한 마을의 풍속을 헤치지 못하게 하였던 것이다.

둘째, 원천동의 동약은 조세징수를 위한 기구로도 기능하였다. 사족들은 향촌사회를 지배하기 위해서는 도덕적 교화 외에 관아의 협조를 얻을 필요가 있었기 때문에 관청에서 요구한 세금징수에 적극 협조하였던 것이다. 이러한 기능은 동약 창립 때부터 나타난다. 예컨 대 1638년의 경우에

전세나 관의 환곡, 일체 공부(貢賦)는 힘써 갖추어 납부한다. 혹 소홀히 하여 기한에 바치지 못해 마을 사람들에게 폐를 발생하게 한 사람은 상·하인이 함께 의논하여 죄과를 논한 뒤 재산과 전민(田民)을 방매하고 수납한다. 만일 따르지 않으면 관에 고한다.[62]

---

60) 상벌에 관한 내용은 오병무, 「남원원동향약(南原源洞鄕約)에 관하여」, 『南原源洞鄕約』(全北鄕土文化研究會, 1994, 대홍기획) 14-45쪽에 언급되어 있으며, 이황은 예안향약을 제정하면서 극벌(極罰), 중벌(中罰), 하벌(下罰)을 두었는데, 원천동 향약의 경우도 벌목(罰目)의 내용에서 큰 차이가 없다.

61) 정구복, 「제마수와(齊馬首) 손도(損徒)」, 『고문서연구』 5, 한국고문서학회, 1994, 333-339쪽 참조.

62) 「源泉洞案」(1638), "一 租賦及期 田稅官糶一應貢賦 力能備納 而或緩忽 不及期限

라고 하여 전세, 환곡, 공물을 바치지 못하면 상, 하인이 의논하여 재산과 전민을 방매하게 하였다. 또한 1662년에는 조세 바치는 것을 열심히 하지 않거나 요역을 면하려고 하는 자는 중벌에 처하도록 하였다.[63]

그러나 사족들이 관아에서 부정하게 조세를 징수하는 경우에는 협조하지 않았다. 방임배들이 부당하게 조세를 징수하는 경우에는 동약에서 징계하게 하였다. 예컨대

> 방임배가 관령(官令)을 빙자하여 혹 소민을 침어(侵漁)하거나 혹 동약원을 침범한 자는 특별히 극벌(極罰)을 시행하여 통렬히 징계한다. 또 동약 중에서 관가에 글로 보고하여 침어당한 사람을 신구(伸救)한다.[64]

라고 하여 방임배가 관아의 명령을 빙자하여 마을 내의 소민이나 동약원을 침범하지 못하도록 하였던 것이다. 이 때 작성된 동약은 18세기 후반인 1765년 작성된 것으로서 그 무렵 방임들을 사족들이 맡지 않고 새롭게 성장하였던 방임층에서 맡았기 때문이라고 할 수 있다. 원천동 동약에서도

> 풍헌 약정, 도장, 영군장 및 그 아래 임원들을 선량한 사람은 죽어도 피하려하니, 간교하고 교활한 사람이 차정되려고 도모하며, 상하를 침학함이 이르지 않을 바가 없다. 상임(上任)을 추천할 때에는 현재의 풍

生弊里中者　上下同議　論罪後　財産田民　放賣收納　萬一不從　則告官
63) 源川洞重修鄕約節目(1662), “不謹租賦　圖免徭役者”
64) 『源泉洞約重修案』「鄕約重修條約節目」(1765), “一　坊任輩　憑藉官令　或侵漁小民　或侵犯約中者　特施極罰　以爲痛懲　又自約中　文報官家　伸救見侵之人事”

헌과 향약청이 상의하여 명단을 천거하고, 하임(下任)은 향약청에서
차정한다.[65)]

라고 하여 사족들이 방임을 회피하여 간교하고 교활한 사람으로 대
표되는 신향이 맡고 있다고 하였다. 이에 원천동 동약에서는 방임 추
천시에는 향약청의 의논을 거치도록 하였던 것이다. 이처럼 원천동
에서는 18세기 사회변동에 따라 신향의 세력이 증대하였고, 이에 따
라 많은 비리가 생겨나자 기존의 사족들이 동약 조직을 강화하여 신
향의 횡포를 억누르고자 하였던 것이다.

  셋째, 원천동 동약은 마을 공동체의 이익을 공동으로 도모하는 기
능을 갖기도 하였다. 특히 원천동은 지리산 자락에 위치하고 있었기
때문에 산중의 나무를 마음대로 베는 경우 홍수의 염려가 있었다. 이
에 산에 화재가 나거나 소나무 등을 마음대로 베는 행위를 철저히 금
지하였다. 예컨대 1662년에 마련된 규정에

  7-1) 정월에는 화재가 많이 나므로 인원을 나눠서 사방 산에 산불이
번져가는 것을 막는다.[66)]
  7-2) 사방 산의 크고 작은 소나무에 대하여 벌목하는 것을 일체 금지
하고, 어린 소나무를 찍어다 땔감으로 사용하는 것을 엄히 금한다.[67)]
  7-3) 집을 짓는다거나 관(棺)의 판목으로 쓴다고 임의로 나무를 베
어다가 다른 사람에게 다시 매매하는 자는 적발하여 일일이 죄를 다스

---

65) 같은 글, "風憲約正都將領軍將 及諸下所任 良善之人 抵死謀避 奸猾之人 夤緣圖
    差 侵虐上下 無所不至 上任則望報時風憲鄕約廳 相議備望 下人則自鄕約廳差定"
66) 源川洞重修鄕約節目(1662), "一禁戢, ○正月爲始火矢 分定以禁四山禍延事"
67) 같은 글, "○ 四山大小松木 一切禁伐 而稚松斫伐以爲燒木者 痛禁事"

리고, 추심한다. 만일 거역하여 내지 않으면 관가에 고발하고 속공(屬
公)한다.[68]

라고 하여 원천방이 산자락에 위치하고 있기 때문에 화재를 방지하
기 위하여 인원을 나누어서 감시하고, 소나무를 마음대로 베어내지
못하게 하였던 것이다. 그리고 거짓으로 핑계를 대어 나무를 베어다
가 파는 자는 동약에서 제제를 가하고 나무를 회수하도록 하였다. 이
일대가 지리산 계곡에 곧장 연결되는 하천지대였기 때문에 여름에
홍수를 막기 위해서는 소나무가 울창해야 했기 때문이다. 당시 이 일
대는 홍수피해도 잦았던 것으로 보인다. 1765년 향약을 중수할 때에
수재 등의 재난을 당해서 동약원들끼리 서로 돕도록 하는 규정을 마
련하기도 하였다.[69]

또한 마을의 농사를 위해 풀을 마음대로 베어가지 못하게 하였다.
1662년 규정에

7월이 시작되면 직월이 각 마을에 분부하여 미리 초적을 방비한다.
숨어 들어와서 풀을 베어가는 자는 일일이 적발하여 치죄하고 죄가 중
하면 관가에 고발한다.[70]

라고 하여 풀을 마음대로 베어가지 못하게 하였는데, 당시 풀은 퇴비

---

68) 같은 글, "○自構成造或云棺板任意斫伐 而前賣於他人者 摘發一一 治罪還推 而拒
   逆不納 則告官贖公事"
69) 같은 글, "凡有水災之患 約中隨便相顧 以存同禊之誼事"
70) 같은 글, "○七月爲始 直月分付各里 豫備草賊 而或有潛行 刈取者 一一摘發治罪
   而重則告官事

마련과 관련되었기 때문이라고 할 수 잇다. 7월에 풀을 베어서 퇴비를 마련해야 가을에 보리를 심을 때 퇴비를 쓸 수가 있기 때는데, 몰래 풀을 베어가는 자들이 많아서 퇴비 마련에 지장을 초래하였던 것이다. 따라서 원천방에서는 마을의 농사를 위해 풀을 베어가지 못하도록 동약에 규정을 둔 것이라고 할 수 있다. 이러한 마을 공동체의 경작권을 보호하는 규정은 1662년 규정에서 '원천방에 거주하고 있는데, 다른 방(坊)에 나가 경작을 도모하는 자는 일일이 적발하여 관가에 고발하여 무겁게 다스리고, 벌로 색장으로 차정한다.'[71]라고 하여 다른 곳에 가서 경작을 못하도록 하는 경우에까지 이르고 있다. 다만 이 규정은 벌로 마을의 조세를 징수하는 색장으로 차정한다고 하였으므로, 이 규정이 경작인을 원천방의 토지에 긴박시겨서 마을 등의 공동체 단위로 조세 징수의 편의를 도모하는 규정임을 알 수 있다.

5. 맺음말

지금까지 남원 원천동 동약을 통해 원천동 마을의 성장과정과 동약의 특징과 의의 등을 분석하였다. 이를 요약하면 다음과 같다.

남원 원천동 동약은 내촌 등 원천방의 여러 마을에서 운영되었던 동약 조직이었다. 원천방은 조선 초기까지만 해도 부곡으로 불릴 정도로 지리산 자락의 외진 곳이었지만, 15세기 후반 이후 지리산 계곡 물을 이용한 水田農業이 활발해지고 왜란이나 정치 사회적 혼란을 피해 많은 사족(士族)들이 유입되었기 때문에, 산지 곳곳에 마을이 발

---

71) 같은 글, "居在本坊所耕 圖出他坊者 一一摘發告官重治 後 色掌差定事"

달하게 되었다. 이에 사족들은 유교적 예속과 상호부조를 통해 공동체의 존속과 질서 유지를 위해 동약을 실시하였다. 이에 사족들 중심으로 마을 공동체를 유지하기 위한 동약이 발달하게 되었다. 이 동약은 1638년(인조16) 내촌과 인근 마을의 사족들이 중심이 되어 조직되었으며, 이후 여러 차례 변모과정을 거쳐 현재까지도 운영되고 있다. 시기별로 구분해보면 17세기 중엽부터 18세기 전반까지는 동약이 최초로 시작되고 동약의 형태가 갖추어진 시기이며, 18세기 중엽부터 19세기 후반까지는 동약이 크게 중수되고 점차 동족부락의 요소가 나타나나는 시기이다. 그리고 세 번째는 20세기부터 오늘날에 이르는 시기로서 동약보다는 시사활동이 활발해지는 시기로 구분해 볼 수 있다.

이 원천동 동약의 내용상의 특징으로는 남원 사족들의 향회가 조직될 무렵인 1638년 결성되어 신분제적 원리가 작용하였으며, 18세기 중엽 동약조직에 동족부락의 요소가 강하게 나타나고 있다. 또한 원천동 동약은 유교적 예속과 교화를 중시하여 상장에 대한 규정이 가장 자세하였으며 이를 강제하기 위해 선·악적(善惡籍)을 운영하였다. 그리고 원천동의 동약은 조세징수를 위한 기구로도 기능하였다. 18세기 중엽부터는 사족들이 방임을 기피함에 따라 신향들이 방임을 맡아서 조세를 부당하게 침탈하는 경우가 많아 동약에서 이를 제제하기도 하였다.

그 밖에도 원천동 동약은 지리산 자락에 위치해 있는 원천방의 특성을 최대한 반영하고 있다. 홍수를 막기 위해 동약에서 철저히 화재를 막고 소나무 등을 벌채하지 못하도록 하였다. 뿐만 아니라 사족이나 마을의 경작권을 최대한 보장하기 위하여 다른 마을에서 풀을 베어가지 못하도록 하였고, 경작자들이 다른 방에 나아가 경작하는 것을 금지하기도 하였다. 이는 원천방 주민들을 토지에 긴박시켜 생산과 조세납부를 원활히 하여 공동체를 유지, 존속시키고자 하였던 노력이었다고 할 수 있다. 결과적으로 이러한 사족들의 도덕적, 사회적, 경제적인 노력으로 원천동은 오랫동안 마을 공동체가 유지되고 유교적 예속이 계속되어 왔다고 할 수 있는 것이다.

호경마을의 누정, 용호정과 육모정

강정화

1. 개설

남원 호경마을에 현전하는 누정으로는 용호정(龍湖亭)과 육모정(六茅亭) 두 곳이 있다. 두 누정은 모두 구룡계곡(九龍溪谷)의 구곡(九曲) 중 제2곡에 위치하고 있다. 일명 용호구곡(龍湖九曲)으로 일컬어지는 구룡구곡은 지리산권역에서 구곡문화(九曲文化)를 확인할 수 있는 유일한 곳이다. 이곳의 물길은 지리산 서부 산봉인 만복대에서 발원하여 선유동폭포를 거쳐 구룡천으로 흐르고, 이어 원천천(源川川, 일명 용담천)에서 합류하여 남원시 선원사(禪源寺) 앞에서 요천(蓼川)과 다시 합류한다. 요천은 남원 시가지를 가로질러 곡성과의 경계지점에서 섬진강 본류와 합류한다. 곧 용호구곡은 지리산 서북쪽 능선의 빼어난 경관을 자랑하는 대표적 명승이었다.

이렇듯 빼어난 절경의 용호구곡은 중국의 무이구곡(武夷九曲)[1]에 비견되기도 하였다. 그 중 제2곡인 용소(龍沼) 주변은 특히 수석(水石)

---

1) 중국 복건성에 있는 武夷山 일대의 계곡을 일컫는다. 송나라 때 학자 朱熹(1130~1200) 가 武夷精舍를 지어 은거하며 학문을 닦던 곳인데, 특히 67세 때인 1196년 2월 武夷九曲 을 유람하고 지은 「武夷櫂歌」로 인해 더욱 유명하게 되었다.

사진1. 용호구곡 중 제2곡 전경

이 맑고 아름답기로 이름나, 예로부터 많은 시인묵객들의 발길이 이어졌다. 따라서 역대로 문인들의 시사(詩社)가 많이 이루어졌으며, 시회(詩會)를 통해 그 주변 절경을 읊은 한시가 다수 전하고 있다.

육모정은 용소를 찾아가는 초입에 위치하고, 용호정은 육모정 맞은 편 둔덕인 옥녀봉(玉女峰) 자락에 자리하고 있다. 용소를 가운데 두고서 두 정자가 계곡 양쪽으로 마주하고 서 있다.

2. 용호정의 유래와 변천

1) 형태 및 현황

용호정은 정면 2칸 측면 2칸의 목조건물로, 벽이 없이 사방이 트

사진2. 용호정

인 형태이다. 홑처마에 기와를 얹은 팔작지붕이며, 서까래를 노출시킨 연등천장으로 되어 있다. 우물마루에 평난간을 설치하여 주변 경관을 조망하는 데 편리하도록 하였다. 용소 곁 큰 바위 위에 위치하고 있어, 용호정 마루에 앉으면 2곡에 넓게 펼쳐진 너럭바위와 절경인 용소를 한 눈에 조망할 수 있다.

현판은 1963년 중건 당시 노봉수(盧奉壽)가 쓴 것이다. 1938년 김중엽(金重燁)이 쓴 「용호정기(龍湖亭記)」를 비롯하여, 1963년 노병인(盧秉仁)이 쓴 「용호정실기(龍湖亭實記)」, 이재우(李在禹)의 「용호정상량문(龍湖亭上樑文)」, 김사문(金思汶)이 지은 「용호정이건기(龍湖亭移建記)」, 1971년 박찬식(朴燦植)이 쓴 서(序)가 걸려 있다. 그 외에도 1972년과 1989년에 작성한 「원동계원방명록(源洞契員芳名錄)」이 각각 게시되어 있는데, 전자에는 모두 삼백여 명이, 후자에는 15명의 인원이

사진3. 용호정 현판들

수록되어 있다.

2) 유래와 변천 과정

조선 선조(宣祖) 때 전라도 광주에 세거하던 회재(懷齋) 박광옥(朴光
玉, 1526~1598)2)은 사신이 되어 명나라에 갔다가 남전(藍田) 여대림
(呂大臨, 1040~1092)3)과 회암(晦菴) 주희(朱熹, 1130~1200)4)의 진영(眞

---

2) 본관은 陰城, 자는 景瑗, 호는 懷齋이며, 전라도 광주에 세거하였다. 丁潢의 문하에서
  수학하였다. 1546년(명종 1) 진사시에 합격하였으나, 나주 船道面에 집을 지어 蓋山松
  堂이라 이름하고 문하생들과 성리학을 연구하였다. 향약을 실시하고, 奇大升·朴淳·
  李珥·盧思愼 등과 교유하였다. 임진왜란 때 高敬命·金千鎰 등과 함께 의병을 일으키
  고 고향의 義兵都廳에서 군대의 장비와 양식을 조달하였다. 『懷齋遺集』이 있다.
3) 자는 與叔, 호는 藍田이며, 섬서성 남전 사람이다. 『藍田鄕約』을 제정한 呂大鈞의

影)을 그려 귀국하였다. 주지하듯 두 사람은 남전향약(藍田鄕約)과 백록동학규(白鹿洞學規)가 조선조에 전해져 성행함으로써 풍속 교화 및 학풍 진작에 지대한 공헌을 남긴 이들이다. 이후 어떤 연유에서인지 확인할 수 없지만, 박광옥의 딸이 두 진영을 가지고 풍천 노씨(豊川盧氏) 집안으로 시집을 갔다. 그녀는 두 진영을 벽에 걸어두고서 자식들과 시댁의 조카들에게 받들며 정진토록 하였다.

숙종(肅宗) 을묘년(乙卯年 1675), 마을에 세거하던 몇몇 문중이 계(契)를 결성하고 성금을 추렴하여 용호 가에 두 선생의 영정을 봉안(奉安)할 사당[影堂]을 세웠다. 처음에는 사당 이름을 '무이(武夷)'라 하였다가, 후에 '용호(龍湖)'로 바꾸었다. 그리고 용호영당 곁에 영귀정(詠歸亭)5)을 지어 선비들의 강신(講信)6) 장소로 활용하였다. 후에 우암(尤庵) 송시열(宋時烈, 1607~1689)의 영정을 함께 봉안하고, 봄·가을로 향사(享祀)하였다. 이곳이 바로 그 당시 '원천방 용호동(源川坊龍湖洞)'이라 불리던 곳이다. 따라서 그때 결성된 계를 그곳의 지명을 그대로 수용하여 '원동계(源洞契)'라 이름하였다. 풍천 노씨 문중만의 규약(規約)으로 내려오던 것을 이때에 이르러 용호동의 동규(洞規)로 공용화하였는데, 그 중심에 두 진영이 있었던 것이다.

동생이다. 張載에게 배웠고 뒤에는 程顥·程頤 형제에게 배웠다. 謝良佐·游酢·楊時와 함께 '程門四先生'으로 일컬어졌다.

4) 자는 元晦·仲晦, 호는 晦菴·晦翁·考亭·紫陽·滄洲이며, 강서성 婺源 사람이다. 복건성 尤溪縣에서 태어났다. 14세 때 胡憲·劉子翬 등을 사사하여 불교와 노자의 학문에 흥미를 가졌으나, 24세 때 李侗을 만나면서 유학에 전념하였다. 周敦頤·邵雍·張載·程顥·程頤의 학설을 종합하여 자신의 철학을 완성시켰고, 나아가 송대 理學을 집대성하였다.

5) 詠歸堂이라는 기록도 보인다. '영귀'는『論語』「先進」에서 "莫春者 春服旣成 冠者 五六人 童子六七人 浴乎沂 風乎舞雩 詠而歸"라고 한 구절에서 이름한 것이다.

6) 鄕約에서 여러 사람이 모여 술을 마시며 約法이나 契를 맺는 것을 일컫는다.

사진4. 용호정 옛 터

　고종(高宗) 무진년(戊辰年 1868), 대원군의 서원철폐령에 의해 용호 사당이 훼철되었고, 계유년(癸酉年 1873)에는 원동계마저 유명무실하 게 되었다. 이를 그대로 두고 볼 수 없었던 원동계원들은 인근에 별 도의 집 한 채를 지어 영정을 봉안할 임시 장소로 사용하였다. 그렇 게 20년이 지난 계사년(癸巳年 1893), 원동계원들은 자신들의 추념(追 念)만으로는 더 이상 두 영정을 지켜내지 못하여 인멸될 지도 모른다 는 위기의식을 가졌고, 이에 마을 장로(長老)들의 논의를 거쳐 남원향 교(南原鄕校) 양사재(養士齋)로 영정을 옮겨 봉안하였다. 그러나 영정 을 옮긴 이후에도 원천동에서는 계명(契名)을 그대로 보존하고 계규 (契規)를 지키며 실행해 나가려 노력하였다.

　그렇지만 그들의 염원과는 달리 시대가 변하면서 동계(洞契)의 정신과 활동은 점점 퇴색되어 갔다. 정축년(丁丑年)인 1937년,[7] 선현의 유적이 훼손되어 가는 것을 안타깝게 여기던 원동계원은 다시 성금을 추렴하여 용호 가에 육각 모형의 세 칸짜리 정자를 지었다. 편액은 '용호정'이라 하였는데, 지명을 그대로 따르고 또 선현들의 뜻을 계승한다는 의미를 담고 있었다. 위치는 2곡으로 내려가는 계곡 입구, 곧 현재 육모정이 자리한 곳의 바로 밑 부분에 있었다고 한다. 이후 용호정은 원동계원들의 결속과 화합을 위한 모임 및 시사(詩社) 장소로 활용되었다.

그러다가 신축년(辛丑年 1961) 여름 홍수에 의해 용호정이 유실되었고, 이해 가을 옥녀봉 중턱에 다시 세웠는데, 이듬해인 임인년(壬寅年 1962) 가을 태풍으로 전복되는 비운을 겪었다. 계묘년(癸卯年)인 1963년 봄에 중건하자는 논의가 다시 일었고, 이해 가을 현재의 위치에 건립하여 전하고 있다.

3. 육모정의 건립 경위

'육모정'은 '육각 모형의 집'이란 뜻으로, 사방이 여섯 칸의 트인 공간으로 구성된 단층의 목조건물이다. 막새기와를 얹은 육각형의 모임지붕으로 되어 있으며, 천장은 선자(扇子) 서까래 형태의 개판을 깔았고, 지붕 상부에는 절병통을 두었다. 겹처마에 우물마루이다. 구룡구곡의 제2곡인 용소로 내려가는 입구에 위치하고 있으며, 사방으로

---

7) 盧秉仁이 쓴 「용호정실기」에는 재건 연도가 1938년(戊寅年)으로 되어 있고, 金重燁의 「용호정기」와 박찬식의 「序」에는 1937년으로 되어 있다.

사진5. 육모정

계자(鷄子) 난간을 둘러 그 아래 용소와, 맞은편의 용호정 및 옥녀봉 등 2곡의 절경을 완상할 수 있도록 하였다.

육모정과 관련해서는 아래 두 글을 확인할 필요가 있다. 첫 번째 글은 1997년 육모정복원사업추진위원회 회장 김중안(金重安)이 쓴 「육모정복원기(六茅亭復元記)」이고, 아래 것은 지리산국립공원북부사무소에서 세운 육모정 안내문이다. 「육모정복원기」는 현재 육모정에 게시되어 있고, 그 곁에 안내판이 세워져 있다. 복원기문은 국한문 혼용체로 되어 있고, 안내판은 한글로 쓰여 있다. 복원기문은 독자의 편의를 위해 한글과 한자를 병기하여 인용해 본다.

사진6. 육모정복원기문

　이 육모정(六茅亭)은 우리 선대(先代)들께서 지금부터 430여 년 전 (宣祖朝) 이곳 용호동(龍湖洞)에 모여서 세의세교동도동의친애지의(世 誼世交同道同義親愛之誼)를 바탕으로 한 동인(同人)들로 원동향약계 (元洞鄕約稧)를 창립하였으니 송뢰(松籟)와 석간수성(石澗水聲) 들려 오는 거암(巨巖) 위에 육각(六角)의 모정(茅亭)을 건립하고 음풍농월 (吟風弄月)의 완상(玩賞)과 음영(吟詠)의 정취(情趣)를 누리며 향연(饗 宴)의 누정으로 전승되어 왔던 정각(亭閣)이었다. 이런 명소(名所)가 연구세심 물환성이(年久歲深物換星移)의 시류(時流)에 역사를 거듭하 여 온 때 신축년(辛丑年 1961)의 수화(水禍)로 본 정(亭)이 유실(流失) 된 바 있었다. 연후(然後) 향민(鄕民)들은 용호석문(龍湖石門)을 들어 서면 항시(恒時) 이 고장 경승지(景勝地)의 고유문화재(固有文化財)인 육모정(六茅亭)의 복원(復元)을 염원하여 오던 차에 후대승계(後代承 繼)의 계원(稧員)들이 주선(周旋)이 되어 성금(誠金)과 남원시(南原市) 의 지원금(支援金)으로 본디 그 자리에 다시 원형(元型)의 복원(復元) 을 한 바, 1997년 11월 13일에 그 준공식을 보게 되었다.

　이곳은 아홉 마리의 용이 노닐었던 곳이라 하여 용호동이라 불리었 으며, 약 400년 전 이 지역의 선비들이 용소 앞 널따란 바위 위에 육각 형 모양의 정자를 지어 육모정이라 이름하였습니다. 원래의 육모정은

사진7. 육모정 안내문

뒤에 보이는 계곡 변 바위 위에 있었으나 1960년 큰 비로 유실되어 현 위치로 옮겨져 복원하였습니다.

두 기록에 의하면, 육모정은 '원동향약'과 역사를 함께 하여 계원 들이 친목을 도모하는 공간이었고, 때문에 1961년 홍수로 유실된 용 호정을 육모정으로 오인하고 있음을 알 수 있다.

1994년 8월 10일 '원동향약'이 전라북도 유형문화재 제146호로 지 정되자, 그와 관련한 유적인 육모정을 복원해야 한다는 논의가 일어 났다. 이에 육모정복원추진위원회를 결성, 남원시의 재정 지원에 의 해 1997년 현재의 자리에 복원하게 되었다. 따라서 애초 육각 모형의 용호정을 '육모정'이라는 별도의 명칭으로 불러오다가, 세월이 흐르면서 육모정이 실재했다는 것으로 오인하게 되었고, 급기야 육모정과 용호정이 각각 세워져 현전하게 되었다.

　현재 육모정에는 「육모정복원기」 외에도 1995년 결성된 육모정복원추진위원 명단과, 1998년 준공 당시 협찬금을 낸 이의 명단과 금액을 적은 방명록이 걸려 있다. 또한 육모정 맞은편에 춘향묘(春香墓)가 있는데, 이와 관련하여 1993년 김중안이 쓴 「춘향찬가(春香讚歌)」가 걸려 있다.

4. 호경마을 누정의 특징8)

　건축물은 건립 목적에 따라 유형과 위치, 그리고 공간적 기능이 달라지기 마련이다. 누정이 지닌 전통적 기능으로는 장수(藏修)와 유식(遊息), 강학(講學), 문중 및 문인 간의 수계(修契), 지역민의 교유와 화합, 궁술연마 등이 거론되어 왔다. 누정은 이처럼 다양한 목적과 용도에 따라 공간적 구조도 명확히 다르게 나타난다. 예컨대 개인용 건축물이라면 마루와 방을 겸비한 형태가 일관되게 나타난다. 후대로 오면서 간혹 부엌 등의 생활공간을 달아내어 편리를 도모한 변형된 모습도 있으나, 대개는 벽을 둘러 방을 만듦으로써 사적(私的) 공간으로서의 특성을 중요시한 형태이다. 주로 거주지를 중심으로 멀지 않은 조용하고 한적하며 경관이 빼어난 곳에 위치한다.

　반면 공용 목적의 누정은 대개 벽이 없는 사방이 툭 트인 형태를

---

8) 이하 4장의 글은 필자가 쓴 「지리산권 하동지역의 樓亭考」(『남도문화연구』21집, 순천대 남도문화연구소, 2011)의 Ⅲ장의 일부를 발췌 인용하였다.

지닌다. 마루 중심의 전형적인 건축물 구조이다. 개인보다는 다수를
위한 열린 공간임을 강조하고 있다. 이의 경우 건립주체가 대개 개인
보다 다수의 지역민이며, 그 위치 또한 사람의 발길이 잦은 경관이
수려한 곳에 위치함으로써 개방성과 공공성 확보를 우선하고 있다.

또한 누정의 건립은 건립 및 관리 비용의 안정적 확보가 무엇보다
우선되어야 한다. 비용의 안정성은 누정의 건립과 보전을 담보하는
필수조건이기 때문이다. 이는 궁극적으로 누정의 건립 및 관리 주체
와 연관성이 깊다.

예컨대 국가에서 건립하고 관리하는 누정류, 주로 동헌(東軒)이나
객관(客館)에 부속된 것으로, 진주의 봉명루(鳳鳴樓)와 촉석루(矗石
樓), 함양의 학사루(學士樓), 산청의 환아정(換鵝亭), 하동의 계영루(桂
影樓) 등이 이에 포함된다. 이들 건축물은 지역을 대표하는 공용 장소
로 공무 차 내방한 관인(官人)이나 유람객의 작품 속에 지속적으로 그
리고 빈번히 등장하는 명승이었다. 이런 유형은 건립 및 관리주체가
동일하고, 재정적 지원이 비교적 안정적이므로 다른 누정에 비해 오
래 보존 관리되는 장점을 지닌다.

이에 반해 사설(私設) 누정은 건립 및 관리주체가 개인일 경우, 건
립주체는 개인이나 관리주체가 다수일 경우, 건립 및 관리주체가 모
두 다수인 경우로 분류하여 살펴 볼 수 있다. 먼저 건립 및 관리주체
가 개인일 경우로, 누정주인이 생전에 활용하다가 사후 후손에 의해
관리되는 누정이다. 대개 누정주인의 사후 본래의 건립 목적과 용도
를 유지하면서 지속적으로 관리 보존하는데 어려움이 많다.

두 번째는 명문가의 사인(士人)이 장수처(藏修處)로 건립하였으나
사후 문중의 재정적 지원 하에서 관리 보존되는 경우이다. 개인이 주

도하여 건립하고 관리 및 보존은 지역민에게 일임한 경우이다. 이는 건립 및 관리주체가 개인인 경우보다 지속적으로 보존될 가능성이 높다. 현전하는 개인용 누정은 대개 이에 해당한다고 볼 수 있다.[9)]

건립 및 관리주체가 다수인 세 번째 경우는 그 유형 또한 대략 세 가지로 압축할 수 있다. 선현을 현양하기 위해 문중의 중의(衆議)를 거쳐 부조(扶助)를 받아 건립하는 경우, 스승 사후 문인 간 수계(修契)를 통해 스승의 뜻을 기념하여 공동으로 건립하는 경우, 그리고 공용의 사정(射亭) 건립을 들 수 있다.[10)] 이처럼 다수의 건립주체가 공동으로 참여하는 이유는 우선 건립비용의 안정적 확보에 기인한다. 개인보다는 다수의 참여로 인해 건립과정에서의 재정적 지원이 용이할 뿐만 아니라, 이후 공동 관리를 통해 보다 오랜 기간 건립 목적에 의거해 온전한 형태로 보존될 가능성이 높기 때문이다.

또 다른 중요한 요인으로는 공동의 목적의식과 소속감 공유를 들 수 있다. 문중 중심으로 건립 및 관리되는 누정은 선현을 현양하여 가문의 위상을 고양하고 문중 간 교유와 화합을 이끌어냄으로써 향촌 내에서의 영향력을 향상시키는 계기가 되며, 마찬가지로 문인 간의 수계로 건립된 누정은 동문 간의 결속력을 강화하고 궁극엔 지역 내에서 하나의 세력을 형성하는 발판으로 작용하였다. 누정은 이처럼 재지사족이 향촌지배력을 형성하는 중요한 수단이었던 것이다.[11)]

---

9) 최재율, 「전남지방 누정의 성격과 기능」, 『호남문화연구』24집, 전남대 호남문화연구소, 1996, 86~88쪽. 재실류 건축물은 물론이고, 우리나라 누정의 거의 대부분이 이러한 체제로 관리 유지되고 있다.

10) 오용원, 「영남지방 누정문학 연구(Ⅰ)」, 『대동한문학』제22집, 대동한문학회, 2005, 443~444쪽.

11) 張東杓, 「조선중기 함안지역 재지사족층의 형성과 향촌지배」, 『釜山史學』제37집, 부산경남사학회, 1999, 16~18쪽.

사진8. 육모정 이정표와 간판

    이에 준하여 호경리의 누정을 살펴보면, 건립 및 관리주체가 다수
인 사설형(私設型)이면서도, 그 주체가 특정 문중이나 사우(師友)가 아
닌 다수의 지역민이 주도하여 공동으로 건립하고 관리해 온 것이 특
징이다. 무엇보다 호경리에는 개인을 위한 누정이 현전하지 않고, 수
백 년의 마을 역사와 원동계의 전통을 계승한 용호정을 지역민이 합
심하여 지켜 온 것은 용례가 드문 경우이다.

    호경리 누정은 수백 년에 걸쳐 지역민의 친목과 화합을 결속시켜
온 원동향약과 깊은 관련성을 갖는다. 마을의 풍속을 규정(規正)하고
계원 간의 결속을 도모하며, 나아가 후진(後進) 양성이라는 교육적 측

면까지 고려한 공용의 목적으로 건립 및 사용되어 왔던 것이다. 용호정에 투영된 이러한 공용적 기능은 건립 주체가 원동계원 및 지역민이 다수라는 점, 사방이 트인 마루 중심의 건축 형태, 특히 용호구곡 중 절경이 가장 빼어난 2곡에 위치함으로써 보다 많은 사람들의 발길을 유도한 점 등에서도 여실히 드러난다.

용호정이 지닌 기능적 특성은 이의 변천사를 통해서도 확인할 수 있다. 그 전신(前身)인 용호영당(龍湖影堂)에서부터 용호정에 이르기까지 수백 년 간 수차례의 흥망성쇠를 거듭하였는데, 이를 중건하는 과정에서 보여준 원동계원의 활동을 주목해 볼 필요가 있다. 원동계원을 중심으로 한 지역민이 건립 기금을 갹출하고, 이도 여의치 않으면 계원을 늘려 비용의 안정적 확보에 주력하였고, 또한 계원간의 중론(衆論)을 통해 건립 및 관리가 주도적으로 이루어져 온 것이 이를 증언하고 있다.

5. 현황과 남은 과제

현재 남원 호경리는 구룡계곡으로 유명하다. 근년에 지리산권역의 절경을 중심으로 둘레길을 개발하고 이를 중심으로 트레킹 문화가 유행하면서 보다 많은 사람들이 구룡계곡을 찾고 있다. 구룡계곡은 호경리를 대표하는 관광지가 된 것이다.

그 중에서도 육모정이 대표적 명승으로 이름나 있다. 호경리를 찾아가는 도로상의 이정표에도, 마을 입구의 식당이나 상점 간판에도 온통 '육모정'이 난무하고 있다. 이러한 현상은 「육모정복원기」에서도 확인되었듯, 육모정이 원동향약과 관련한 역사적 유적이라 인식되어 왔기 때문이다. 육모정은 역사 속에서 실재하지 않았고, 육각 모형의 용호정만 있었을 뿐인데도 말이다.

이렇듯 호경리를 대표하는 누정이 용호정이 아니라 육모정으로 오인하게 된 계기는 무엇일까. 마을 주민의 전언(傳言)에 의하면, 6.25 전쟁 당시 북한군이 호경리에 들어와 지표조사를 했는데, 그때 2곡 입구에 있던 용호정이 '육각 모형의 집'이라는 것에 착안하여 '육모정'으로 표기했기 때문이라고 한다. 현재 생존해 있는 호경리 노인들은 어렸을 때 용호정을 보면서 자랐고, 1961년 수해로 떠내려 간 용호정을 몇 번에 걸쳐 중건하는 과정을 지켜보았으면서도 지금까지 한 번도 육모정의 실체에 대해 의심하지 않았다고 한다. 원동향약의 문화재 지정에 맞춘 육모정 중건에 자연스레 남원시의 재정이 투입될 수 있었던 것도 같은 맥락에서 이해할 수 있다.

이러한 현상은 그 자체로도 호경리의 역사라 할 수 있다. 시시비비(是是非非)를 가려 가부(可否)를 결정해야 할 문제로만 볼 것은 아니라는 의미이다. 다만 제대로 알고 알릴 필요는 있다. 현재 용호정에는 그간의 내력을 기록한 대여섯 편의 기문이 걸려 있지만, 모두 한자로 쓰여 있어 눈여겨보는 이들이 없다. 반면 「육모정복원기」는 국한문 혼용으로 되어 있으니, 한문 교육에 익숙하지 않은 현대인들도 한 번쯤은 고개 들어 읽어봄 직하다. 구룡계곡을 찾는 방문객이 점점 많아지고 있는 현 시점에서 이곳을 다녀가는 사람들은 육모정의 복원기 문이나 안내문을 보면서 육모정을 수백 년의 역사 현장에 있었던 그 누정으로 생각할 것이다. 용소 건너 편 벼랑에 우뚝 선 용호정이 빤히 지켜보고 있는데도 말이다.

사진9. 용호정에서 본 육모정

6. 용호정 관련 기문

1) 용호정기(龍湖亭記)

대방(帶方)[12]의 동쪽 20리쯤에 원천동(源泉洞)이 있다. 원천동 안에 용호(龍湖)라는 곳이 있는데, 수석이 맑고 아름다움이 무이구곡(武夷九曲)과 유사하다. 일찍이 선대의 장로(長老)들이 만든 원동계(源洞稧)가 있어, 봄과 가을에 강신(講信)하여 풍속을 규정(規正)하였다.

지난 숙종 을묘년(1675), 용호 가에 주회암(朱晦菴)·여남전(呂藍田) 두 선생의 영당을 세우고 의례(儀禮)에 맞게 향사(享祀)하였다. '무이

---

12) 帶方은 전라남도 남원의 옛 이름이다.

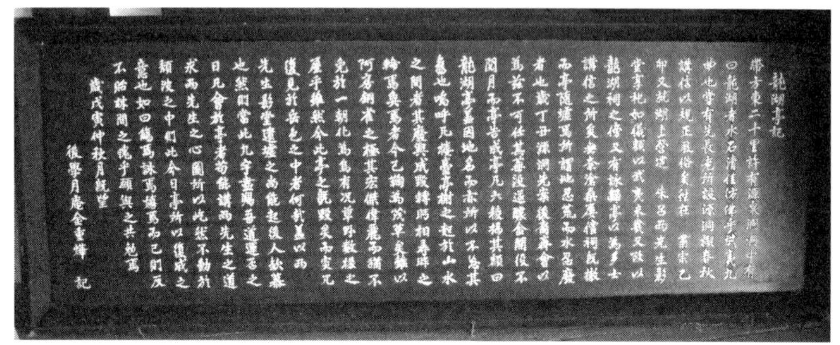

사진10. 용호정기

(武夷)'라 편액하였다가, 얼마 후 다시 '용호(龍湖)'로 바꾸었다. 사당[影堂] 곁에 또 영귀정(詠歸亭)이 있어, 여러 선비들의 강신 장소로 사용하였다. 애석하게도 세상사가 몇 번이나 멋대로 변하면서 사당이 철거되고 정자도 따라서 폐허가 되고 말았으니, 이른바 '땅이 황폐해지니 물마저 없어진다.[地忍荒而水忍廢]'13)라고 한 경우이다.

정축년(丁丑年)인 1937년, 원동(源洞)의 선안(先案)에 이름을 올린 분들의 후예들이 모두 모였다. 그리고는 이렇게 인멸되어 가는 것을 내버려둘 수 없다고 여겨, 마침내 성금을 추렴하고 공사를 시작하였다. 한 달이 못 되어 정자가 완성되었다. 정자는 육각 모형이었으며, '용호정'이라 편액하였다고 한다. 대개 지명을 따랐고, 또한 그 옛것을 잊지 않기 위함이었다.

아. 산수 간에 세우는 누대와 정사(亭榭)는 그 흥망과 성폐가 짧은 기간 지속되니, 어제의 화려하고 아름답던 것들도 오늘은 이미 풀이

---

13) 이 구절은 『性理大典』 권76 「顔樂亭銘」에 보이는 "물은 차마 없애지 못하고, 땅도 차마 황폐시키지 못한다.[水不忍廢 地不忍荒]"라고 한 구절을 차용한 것이다. 賢者가 살던 곳은 황폐되지 않는다는 뜻인데, 여기서는 황폐되었음을 표현하고 있다.

무성한 곳으로 변해 버린다. 아방궁(阿房宮)14)이나 동작대(銅雀臺)15)
가 매우 웅장하고 빼어나고 훌륭하고 아름다웠다 하더라도 하루아침
에 그렇게 변해버리고 말았던 것이다. 그러니 초야의 몇 칸짜리 집이
야 어찌할 수 있었겠는가. 비록 그러하나, 지금 이 정자는 이미 훼철
되었다가 문득 산수 간에 그 모습을 다시 드러내었으니, 왜일까.

　아마도 두 선생의 영당이 있던 유허가 여전히 후인들로 하여금 흠
모의 마음을 불러일으켰기 때문이리라. 그렇다면 세상이 온통 오랑캐
로 변하여 우리 도(道)의 운명이 좋지 않은 이때에, 정자에 모인 사람
들이 진실로 두 선생의 도를 강구하고 두 선생의 마음을 추구하여,
쇠퇴한 세파 속에서도 우뚝하니 동요하지 않을 방법을 도모할 수 있
다면, 이것이야말로 오늘 이 정자를 다시 세운 뜻이리라. 만약 이곳에
서 술이나 마시고 시나 읊으며 즐길 뿐이라고 한다면, 도리어 이 숲에
부끄러움을 남기는 것이 아니겠는가. 원컨대 함께 이에 힘쓸지어다.

　무인년(1938) 중추월(8월) 기망(16일)에 후학 월암 김중엽이 쓰다.

龍湖亭記

　帶方東二十里許　有源泉洞　洞中有日龍湖者　水石淸佳　彷佛乎武夷九曲也
嘗有先長老所設源洞稧　春秋講信　以規正風俗矣　往在肅宗乙卯　又就湖上　營
建朱呂兩先生影堂　享祀如儀　額以武夷　未幾又改以龍湖　祠之傍　又有詠歸亭
以爲多士講信之所矣　無奈滄桑屢僵　祠旣撤而亭隨墟焉　所謂地忍荒而水忍廢
者也　歲丁丑　源洞先案後裔齊會　以爲茲不可任其蕪沒　遂釀金開役　不閱月而
亭告成　亭凡六稜　揭其額日龍湖亭　蓋因地名　而亦所以不忘其舊也

---

14) 중국 秦나라의 始皇帝가 渭水 남쪽에 세운 호화롭고 거대한 궁전을 일컫는다.
15) 중국 삼국시대 말기 曹操가 鄴의 서북쪽에 지은 누대이다. 구리로 만든 봉황으로
　　지붕 위를 장식한 것에서 동작대라 이름하였다고 한다.

嗚呼 凡樓臺亭榭之起於山水之間者 其廢興成毀 轉眄相尋 昨之輪焉奐焉
者 今已鞠爲茂草矣 雖以阿房銅雀之極其宏傑偉麗 而猶不免於一朝化焉 烏有
況草野數椽之屋乎 雖然 今此亭之旣毀矣 而突兀復見於岳色之中者 何哉 盖
以兩先生影堂遺墟之尚能起後人欽慕也 然則當此九宇盡羯吾道運否之日 凡
會於亭者 苟能講兩先生之道 求兩先生之心 圖所以屹然不動於頹波之中 則此
今日亭所以復成之意也 如日觴焉詠焉嬉焉而已 則反不貽林間之愧乎 願與之
共勉焉

歲戊寅仲秋月旣望 後學月庵金重燁 記

2) 용호정실기(龍湖亭實記)

방장산(方丈山)[16]은 산신산(三神山)[17]의 하나이다. 용호(龍湖)는 지
리산에서 발원하여 굽이굽이 돌아 구곡(九曲)을 이루었으니, 산수가
기이하고 빼어남은 중국의 무이구곡(武夷九曲)에 비의한다. 산을 등
지고 물을 굽어보는 곳에 정자를 세웠다. 정자는 비록 오늘 세우지
만, 역대로 유구하리라.

그 옛날 선조(宣祖) 때 회재(懷齋) 박광옥(朴光玉 1526~1598) 선생이
중국에 사신으로 갔다가 여남전(呂藍田)과 주회암(朱晦庵)의 진영(眞
影)을 그려서 돌아왔다. 우리 12대 조비(祖妣)께서는 박회재(朴懷齋)의
따님인데, 그 진영을 받들고 우리 집안으로 시집 와서, 자식과 조카
들로 하여금 벽에 걸어두고서 받들어 모시게 하였다.

오랜 시간이 지난 후 마을 내 몇몇 성씨 중 큰 덕을 지닌 이들이

---

16) 지리산의 다른 이름이다.

17) 신선이 산다는 전설상의 산으로, 중국에서는 瀛洲山·蓬萊山·방장산을 일컫고,
　　우리나라에서는 주로 영주산을 한라산에, 봉래산은 금강산, 그리고 방장산은 지리
　　산으로 일컬어왔다.

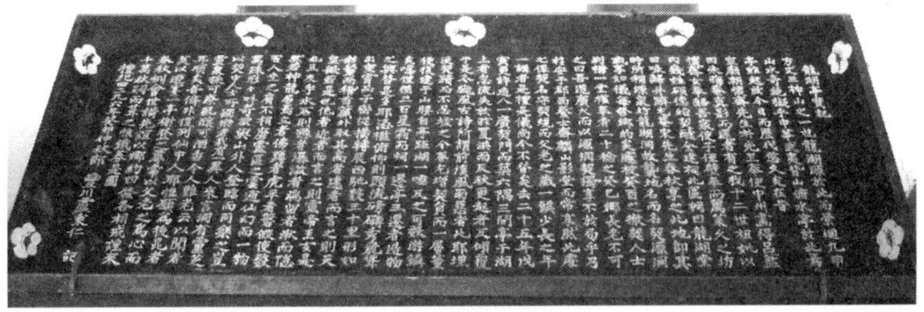

사진11. 용호정실기

계(契)를 결성하고 기금을 추렴하여 이곳에 사당을 세웠다. 사당은 '용호(龍湖)'라 이름하고, 당(堂)은 '영귀(咏歸)'라 편액하였다. 아울러 송우암(宋尤庵) 선생을 봉안하고는 봄과 가을에 향사하였다. 이곳이 바로 당시 일컫던 원천방(源川坊) 용호동(龍湖洞)이다. 그러므로 지명을 그대로 따서 계명(契名)을 '원동(源洞)'이라 하고, 해마다 의식을 갖춰 향사하였고, 그때마다 향약을 준행하였다.

계유년(癸酉年 1873)에 갑작스레 계를 없애게 되자, 계원들이 진영을 임시로 받들 집 한 채를 별도로 지었다. 그로부터 20년이 지난 계사년(癸巳年 1893), 마을의 장로들이 더 이상 이렇게 보존하는 것은 불가하다고 여겨 말하기를 "우리의 도(道)는 확산되어야 하는데, 원동계(源洞契)에서만 향사하는 것은 국한된 처사가 아니겠는가?"라 하고는, 이에 군(郡)의 서쪽 양사재(養士齋) 인산영당(麟山影堂)으로 옮겨 안치하고 상향(常享)하였다. 그러나 이후에도 용호동에서는 계명(契名)을 보존하고 계규(契規)를 지켜나갔는데, 부로(父老)에게는 해마다 한 번씩 음식을 공양하였고, 젊은이는 해마다 한 번씩 강신(講信)하였다. 이런 예와 의식은 지금까지도 쇠퇴하지 않고 있다.

25년이 지난 무인년(戊寅年 1938), 다시 추입(追入)[18]을 허락하여 한 번 계문(契門)을 확장하고, 용호 가에 육각 모양의 세 칸짜리 정자를 지었다. 그런데 지난 해 여름 홍수로 갑자기 유실되었고, 가을에 다시 세운 것은 이해 겨울 태풍에 전복되고 말았다. 옛 시에 "앞 시내에 비바람이 사납구나.[前溪風雨惡]"19)라고 한 것이 이런 경우이리라.

계를 하던 자취가 매몰되어 버렸으나 차마 그곳을 폐허로 둘 수가 없었다. 그래서 금년(1963) 봄에 계원을 더욱 늘리고 또 공사를 감독하여 산중턱에 다시 건립하였다. 정자에서 용호까지의 거리는 한 번 침을 뱉으면 닿을 만큼 가까워, 용호에서 노니는 물고기를 헤아릴 수 있을 정도였다.

아. 겨우 삼백 년의 세월이 흐르는 동안 사당을 한 번, 정자를 세 번이나 옮겼으니, 조물주의 성쇠는 이처럼 빈번한 것인가. 난간에 기대 아래를 굽어보고 위를 올려다보니, 광대하고 수려한 두류산이 하늘에 우뚝 솟아있고, 종횡으로 펼쳐진 자그마한 봉우리들이 서쪽으로 수십 리를 뻗어 있다. 그 모양이 마치 고운 빛깔의 쪽을 찌고서 머리를 조아리고 있는 듯하였다. 주렴 너머로 높이 솟은 것과 멀리 있는 것을 취하여 말하자면 천왕봉과 반야봉이고, 낮고 가까운 것으로 말하자면 영제봉(靈帝峰)과 옥녀봉(玉女峰)이다. 또한 수석에 미쳐서는 거꾸로 쏟아지는 것은 폭포이고, 큰물이 고인 것은 세찬 여울이고, 고여 있는 것은 웅덩이인데, 마치 신룡(神龍)이 그곳에 숨어 있는 듯하였다. 서 있는 형세는 부처요, 꿇어앉은 모습은 호랑이요, 평평

---

18) 계원을 추가로 받아들이는 것을 말한다.

19) 당나라 때 시인 劉駕(822~?)의 「牧童」이란 시이다. 전문은 다음과 같다. "목동이 손님을 보고 인사하니, 그의 품에서 산과일이 떨어지네. 대낮에 소를 타고 돌아갈꼬? 앞 시내에 비바람이 심하다네.[牧童見客拜 山果杯中落 晝日驪牛歸 前溪風雨惡]"라고 하였다.

한 것은 반석이니, 수백 명의 사람이 그곳에 앉더라도 어깨가 닿지 않을 듯하였다. 신령한 이곳의 구름은 신선이 만든 기이함인데 하나가 만 가지로 달라 보이니 그 모습에 탄성이 터져 나온다. 산 밖의 사람들과 등림하여 함께 이것을 즐기고자 하노니, 어찌 계원들만 즐기는 곳이겠는가.

한두 사람이 와서 말하기를 "이 골짜기에는 영지(靈芝)와 영천(靈泉)이 있습니다. 영지를 캐면 굶주림을 면할 만하고, 영천의 물로 술을 빚으면 향그런 술을 담글 만한데, 사람들로 하여금 늙지 않게 합니다."라고 하였다. 그 말을 들은 자들은 나이가 예순이니, 우리는 다시 신선이 될 수 없으리라. 오직 원하는 바는, 후학들이 즐기기 위해 이 정자에 오르지 않고 평소 부로(父老)의 마음을 자기 마음으로 삼아 봄과 가을에 정기적인 모임을 갖고, 대대로 선대의 가르침을 강신(講信)하며, 향약 4조목으로써 각자 서로 경계하고 조심하여 천년만년 이후에도 계승하는 것뿐이다. 오직 이 철권(鐵券)으로 도모할지어다.

단기(檀紀) 4296년(1963) 중추절에 풍천(豊川) 노병인(盧秉仁)이 쓰다.

龍湖亭實記

方丈 三神山之一也 龍湖源於此而縈廻九曲 山水奇絶 擬之中華武夷 背山俯水 亭於此焉 亭雖起於今日 而歷代悠久矣 在昔宣廟朝 懷齋先生朴光玉 奉使中州 畵得呂藍田·朱晦菴眞影而還者有之 我十二世祖妣 以懷齋女 奉歸吾家 使子侄 壁奉而薦菜

久之 坊內幾姓碩德 結契釀金 建祠此區 祠曰龍湖 堂曰咏歸 并躋尤庵宋先生 春秋享之 此地卽其時所稱源川坊龍湖洞 故襲地名而名契源洞 歲享如儀 每修鄕約矣

遽被癸酉之撤契 人士別搆一堂權奉者 歷二十稔之癸巳 鄕長老不可之曰

吾道廣大而以源洞契獨享 不於局乎 乃移安于郡西養士齋麟山影堂 常享 然此處之保契名守契規 而父老之歲一饌 少長之年一講者 是禮是儀 尙今不替矣

去二十五年戊寅 更許追入 一廣契門而築六隅三間亭于湖上者 忽流失於昨夏洪雨 及秋更起者 反傾覆于是冬颱風 古詩所謂前溪風雨惡者 此耶 埋沒契蹟而不忍墟之 今春尤增契員 而一層董役 復建于山腰 自亭距湖 一唾及之 可數游鱗矣

噫 僅徑三百星霜 而祠一遷 亭三遷者 造物之興替 是多耶 憑欄俯仰 則頭流磅礴秀麗 聳出重霄 而子巒從橫轉展 西馳數三十里 形如彩鬟而稽首 簾外取其高者遠者而言之則 天皇般若 是也 低者近者而言之則靈帝玉女 是也 且及乎水石 則懸者瀑 激者湍 留者湫而隱然若神龍居焉 立者佛 蹲者虎 平者磐 假使數百人坐之 肩不相磨 靈區之雲 遁仙幻而一物萬殊 形形叫奇 欲與山外人登臨而同樂之 豈以契中人士所獨樂者哉

有一二人來言 洞有靈芝靈泉 採可療飢 釀可酒香 令人難老云 以聞者耳順矣 吾儕非復列仙中人耶 惟願爲後昆者 莫以遊宴一亭榭登之 尋常以父老之心爲心 而春秋例會 世講先誼 以鄕約四條 各相戒謹 來千萬秋 嗣而葺之 惟鐵券是圖

檀紀四二九六年癸卯仲秋節 豐川盧秉仁 記

호경마을의 석문

김기주

1. 석문이란?

'석문(石文)'은 말 그대로 돌이나 벽돌, 기와 등에 새겨진 문자를 가리킨다. 자연석이나 인공으로 다듬은 돌을 가리지 않으므로, 동네 어귀의 커다란 자연석에 새겨진 문자나, 무덤 앞에 흔히 세워져 있는 비석과 기념비 등에 새겨진 문자도 모두 석문이라고 할 수 있다. 그런데 이런 석문은 석각(石刻)과는 그 외연에 있어서 구별된다. 석각 역시 돌에 새긴 문자를 포함하지만 그 외연이 좀 더 넓어서 돌에 새겨진 회화까지도 포함하기 때문이다. 그래서 각석(刻石)·비갈(碑碣)·묘지(墓誌)·탑명(塔銘)·부도(浮屠)·경당(經幢)·조상기(造像記)·석궐(石闕)·마애(磨崖) 등을 총칭하여 석각이라 부르는 것이다.

이와 같이 돌에 글자를 새긴 석문을 중국에서는 진(秦)나라 때부터 본격적으로 만들기 시작한 것으로 전해지는데, 그 이전 청동기시대에는 주로 청동기 등에 금문(金文)을 새겼고, 또 그 이전에는 거북껍질[龜甲]이나 짐승의 어깨뼈[肩胛骨]에 새긴 갑골문(甲骨文)이 유행하였다. 흔히 갑골문 외에 돌에 새겨져 있는 글자인 석문과 금속에

사진1. 진각석(秦刻石)

새겨져 있는 글자인 금문을 합쳐 금석문(金石文)이라고 부른다. 그런
데 금문 가운데 가장 오래된 것은 중국의 경우 상(商)나라 때의 제기
(祭器)나 악기(樂器) 등의 청동기에 새겨져 있다. 그리고 이러한 금문
만을 모아서 책으로 편찬한 송나라 설상공(薛尙功)의『종정이기관지
(鐘鼎彝器款識)』와 청나라 완원(阮元)의『적고재종정이기관지(積古齋鐘
鼎彝器款識)』등에서 금문의 규모와 내용을 대체로 확인할 수 있다.
반면에 우리나라의 경우 청동기 시대에는 문자의 사용이 확인되고
있지 않으며, 그런 까닭에 그 시대 청동기물에 새겨져 있는 문자는
아직 발견되지 않고 있다.

　이러한 금문을 이어 등장한 것이 바로 석문인데, 금속에는 큰 글자
를 새기기 어려운 데 반해 돌은 금속만큼 수명이 길고 큰 글자를 새기
는 것이 가능하였을 뿐만 아니라, 주위에서 쉽게 재료를 구할 수 있다
는 점에서 금문에서 석문으로의 유행이 바뀌었을 것으로 짐작된다.
중국의 경우 가장 오래된 석문은 전국시대의 것으로 추정되는 10개의
석고(石鼓)에서 발견되었다. 돌을 북 모양으로 다듬은 후, 그곳에 어로
와 수렵의 일을 글로 새겨놓고 있다. 그 이후 진시황이 중국을 통일한

사진2. 태산의 석문

뒤, 글자를 전서(篆書)로 통일하고 각지에 자신의 공적을 새긴 비석을 세웠는데, 이것이 후대에 석문이 유행하는 계기가 되었다.

중국 태산 아래 첫 도시 태안(泰安)의 대묘(岱廟)에는 본래 태산의 옥녀지(玉女池) 부근에 세워져 있었던 전서 222글자의 비석 일부가 옮겨져 전해지고 있는데[사진1], 이것이 현존하는 가장 오래된 진나라 시대 태산의 석문으로 알려져 있다. 특히 중국 태산에는 진시황이래 세우거나 새긴 비석 1,239개, 절벽이나 암석의 문장 1,277개 등의 석문이 산재해 있는데, 그러한 석문 자체가 태산문화의 특징이자 상징이 되고 있다.

우리나라에도 이미 삼국시대부터 국왕을 비롯하여 승려나 영웅의 업적을 칭송하는 비석을 그의 무덤 주위에 세워 기념하였을 뿐만 아니라, 그 인물과 인연이 있는 곳에 그 흔적을 석문으로 남기기도 하였다. 물론 남원 호경마을에 태산과 같이 많고 화려한 그러면서도 거대한 석문들이 있는 것은 아니다. 그러나 호경마을을 관통하며 정령치로 뻗어있는 60번 지방도와 또 운봉에서 흘러내려오는 구룡계곡을 중심으로 경치가 아름다운 곳은 어김없이 석문이 새겨져 있어서 사람들이 다녀간 흔적을 남기고 있다. 이것은 구룡계곡이 아름다운 계곡일 뿐만 아니라, 그 계곡이 기대어 있는 지리산이 일찍부터 사람들이 쉽게 접근할 수 있는 친숙한 공간이었기 때문이라고 생각된다. 그리고 이러한 측면에서 보자면 호경마을의 석문에 대한 연구는 다름 아닌 인간과 지리산, 인간과 자연이 어떤 방식으로 서로 만나 함께 호흡하게 되었는지를 보여주는 하나의 사례가 된다고 할 수 있을 것이다.

2. 석문의 분포와 현황

호경마을의 석문은 크게 두 종류로 나누어 볼 수 있다. 사적을 기념하기 위해 일부 혹은 전부를 인공적으로 다듬은 돌에 글을 새겨 세운 비갈 석문과 자연석에 글을 새긴 석문이 그것이다.

먼저 비갈은 비석(碑石)과 갈석(碣石)으로 구분되는데, 비석의 종류로는 가장 흔한 묘비(墓碑)를 비롯하여 능비(陵碑)·신도비(神道碑)·기적비(紀蹟碑)·기념비·순수비·정려비(旌閭碑)·송덕비(頌德碑)·애민비(愛民碑)·영세불망비(永世不忘碑) 등이 있으며, 그 밖에도 유허(遺墟)·성곽(城廓)·대단(臺壇)·서원(書院)·묘정(廟庭)·빙고(氷庫)·교량·제지(堤池) 등에 세우는 기적비가 있다. 비석은 대개 비신(碑身)과

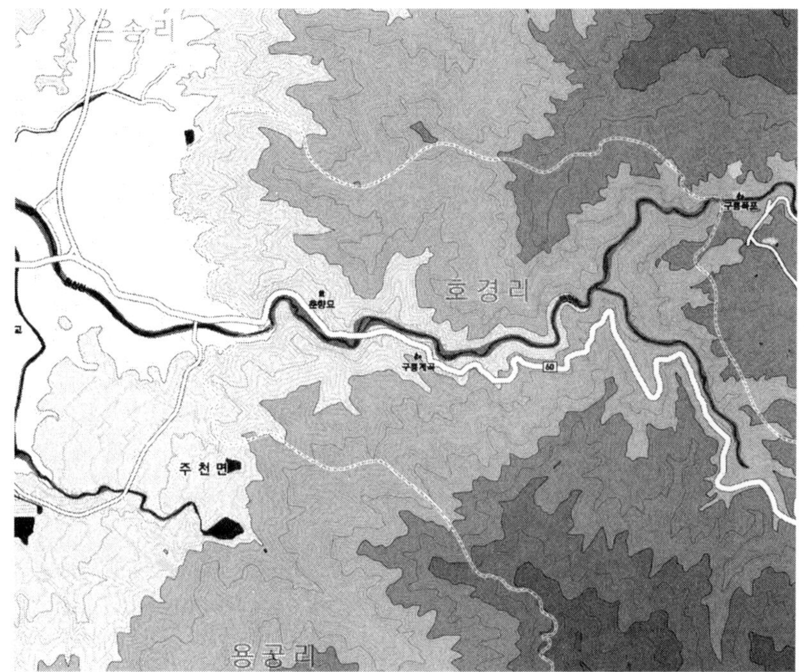

사진3. 호경마을과 용호구곡

이수·귀부(龜趺)로 되어 있으나 이수와 귀부 없이 비신만을 세우는 경우도 많다. 그리고 가첨석을 얹지 않고 위를 둥글게 한 것을 갈석이라고 한다.

　개인의 묘비를 제외한 기적비나 송덕비, 묘정비 등에 한정하여 살펴보면 호경마을에는 모두 20개의 비갈이 세워져 있는데 모두 마을 입구에서부터 60번 지방도를 따라 구룡계곡을 올라가며 그 길의 좌우에 분포해 있다. 그 현황과 새겨져 있는 내용은 다음과 같다.

사진4. 호산연안김선생사관기적비   사진5. 문효공옥계노선생묘정비

1) 湖山延安金先生思寬記績碑

2) 烈女善山金氏之閭

3) 南嶽大將軍

4) 호경마을

5) 孝禮之鄕 內村마을

6) 玉溪盧先生別廟

7) 文孝公玉溪盧先生廟庭碑

8) 郡守李侯華翼功績碑

9) 九龍泉

10) 元川坊源洞鄕約契龍湖祠遺墟事蹟碑

11) 源洞鄕約契員獻誠芳名錄

12) 春香墓

사진6. 춘향묘

사진7. 경양사묘정비

13) 社團法人春香文化宣揚會創立紀念碑

14) 春香墓域淨化事業記念碑

15) 萬古烈女成春香之墓

16) 國唱權三得遺蹟碑

17) 龍湖書院

18) 景陽祠廟庭碑

19) 용호서원

20) 한국의 名水 구룡계곡

　　다음으로 자연석에 글을 새긴 석문이 있는데, 이것은 크게 두 곳에 집중적으로 분포되어 있다. 지리산국립공원 북부사무소 구룡분소와 육모정 중간 지점, 그리고 육모정과 용호정 주변이 바로 그곳이다.

사진8. 용호석문

사진9. 방장제일동천

먼저 구룡분소에서 육모정으로 올라가면서 처음으로 만나게 되는 석문들을 살펴보면 다음과 같다.

1) 龍湖石門

2) 方丈第一洞天 金斗秀 □□書

3) 金燦詠過此感古 李秉植

4) 龍湖品題 己巳春□□與諸□□□ □□□九曲地□□□□八年孫待 □三月望日

5) 隱山朴仲植 濟山朴鳳植 後松朴燦植 檀紀四二六五年□□□

6) 士友同志錄 盧相□ 崔圭燮 蘇方烈 盧相龍 鄭載燮 鄭安□ 盧相彦 盧相萬 盧敬相 金宙泳 金鳳基 鄭載英 盧相玉 丙午七月 日

7) 南無阿彌陀佛 觀世音菩薩

사진10. 나무아미타불　　　　사진11. 용호정사동구

　　다음으로 가장 많이 분포되어 있는 육모정과 용호정 주변에는 다음과 같은 석문들이 새겨져 있다.

1) 龍湖精舍洞口　甲子春

2) 不二坮

3) 龍湖六愚　□松鄭宗默　默齋盧鏞鉉　□山金庸鉉　又松柳永□　素晦朴善和　秋園朴昌圭　甲子端陽

4) 龍湖九老會　盧應鉉　李在喜　盧洙鉉　許攝　盧東源　梁翰英　盧允源　盧□源　林成澤　甲子三月日

5) 龍湖三友　金玉基　□□俊　林采奉　辛丑□□月

6) 三男妹同酌　許炫　黃海周　李容默　翰情登是臺喜酌二三盃眞像誰能盡□名刻石來　壬寅春日

상좌) 사진12. 용호육우
상우) 사진13. 용호구노회
하좌) 사진14. 용호삼우

7) 山從方丈出□發 龍湖□□□□天 □□□□詠迴 壬戌秋十月□ □
□□ □□□□

8) □□學盧□ 幼學盧亨漸 盧廷佐 生員盧亨望 盧廷桓 丁未四月十四
日同遊

9) 府使宋昌 進士宋□ 幼學盧洞

10) 기타 인명

朴濟鉉 甲辰夏

鄭大圭 盧學烈 盧光三

盧致壽 鄭亨晚

南久淳

柳圭運

梁漢謨

南周獻

柳慶龍 柳學祖

崔成九

盧奉□ □俊植 □琪錫 盧重鉉

金彦淇 柳謹根

盧胄鉉 金鍾估 李起相

吳在容 盧□鉉 盧秉粲

盧誠源 盧丞涼

林釆奉 辛丑□月

金思汶

金淇大

盧□ 盧□

權鳳奎

그리고 춘향묘 주변에 기념식수 표지석 2개가 있는데, 각각 다음과 같이 새겨져 있다.

1) 紀念植樹 全羅北道知事 崔容福 1992年 4月 1日
2) 紀念植樹 全羅南道知事 姜相遠 1992年 5月 2日

마지막으로 구룡폭포 옆에는 다음과 같은 석문이 있다.

1) 李鍾黙 方丈第一洞天 李鍾學

이밖에 구룡계곡의 용호구곡(龍湖九曲) 각각에 그 이름이 새겨져 있는데, 다음과 같다.

사진15. 방장제일동천

一曲 松瀝洞

二曲 玉龍湫

三曲 鶴捿岩(삼곡의 경우 현재는 수재로 유실되고 없음)

四曲 瑞岩

五曲 遊仙臺

六曲 砥柱臺

七曲 飛瀑洞

八曲 擎天壁

九曲 交龍潭

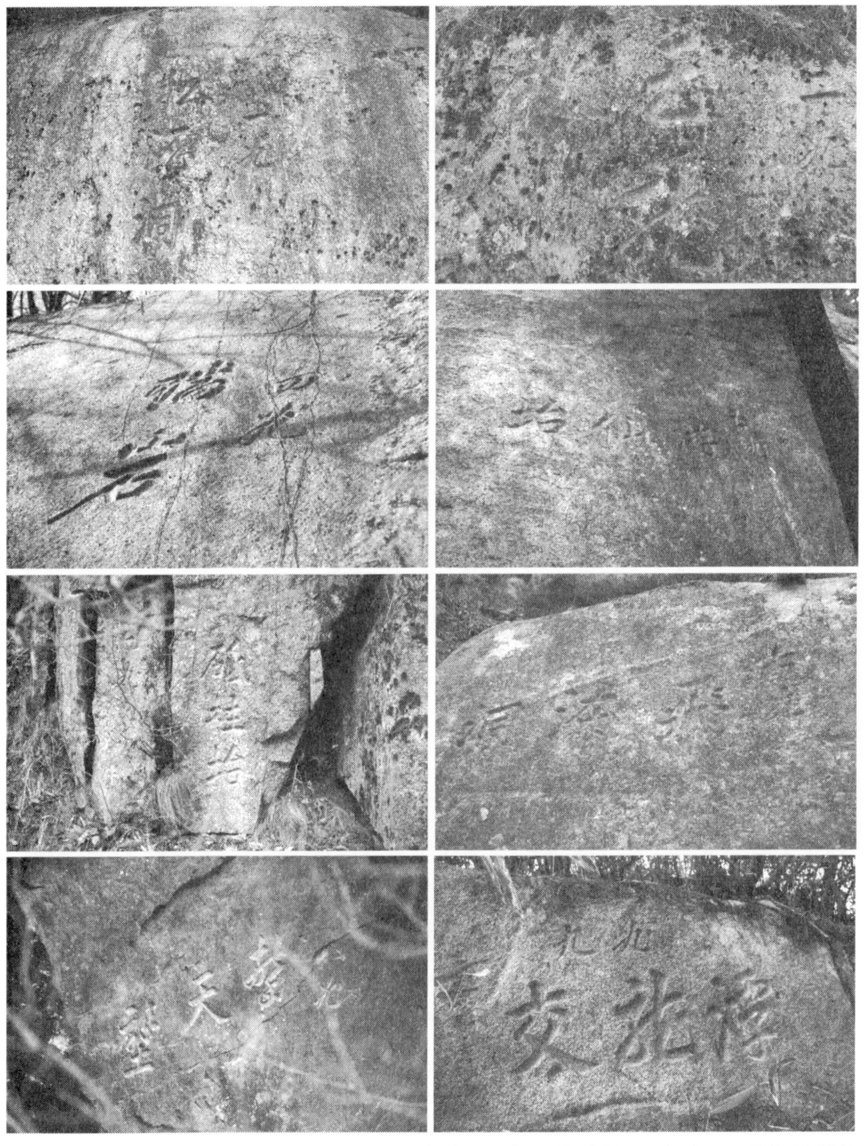

사진16. 일곡 송력동　　사진17. 이곡 옥룡추
사진18. 사곡 서암　　　사진19. 오곡 유선대
사진20. 육곡 지주대　　사진21. 칠곡 비폭동
사진22. 팔곡 경천벽　　사진23. 구곡 교룡담

3. 석문의 내용과 특징

앞에서 우리는 호경마을의 석문을 크게 비갈석문과 자연석 석문으로 구분해 살펴보았다. 이제 그 가운데 특징적인 것들의 내용을 살펴보면 대체로 다음과 같다. 먼저 마을 초입에서 만나게 되는 '열녀선산김씨지려'는 연안김씨 김사갑의 처 선산김씨를 추모하기 위해 1960년 문중에서 건립한 것으로, 폭 80㎝ 높이 190㎝이다. 18세에 시집온 뒤 3년 만에 남편을 사별하고, 홀로 유복자 아들을 키우며 시부모를 봉양한 것으로 전한다.

또한 '옥계노선생별묘'는 풍천노씨 종가에서 세운 옥계(玉溪) 노진(盧禛, 1518~1578)의 별묘 앞에 세워져 있는 비석이다. 그는 1578년 8월 한양에서 사망한 후 고향으로 옮겨 장례를 치뤘는데, 그의 묘는 경상남도 함양군 지곡면 평촌리에 조성되어 있다. 그는 조선 중기 명종과 선조 연간에 주로 활약한 문신이자 학자로, 30여 년 동안 지례현감과 전주부윤, 경상도관찰사, 대사헌 등을 지냈다. 그는 본래 함양군 덕곡면 개평촌에서 태어났으나 남원은 그의 처향이었다. 19세에 결혼한 그의 처는 기묘명현(己卯名賢)인 안처순(安處順)의 딸 순흥안씨였다. 이런 인연으로 남원에는 그의 후손들이 세운 별묘 외에도 고룡서원(古龍書院, 훗날 滄洲書院으로 이름을 바꿈)을 세워 그를 향사하였다.

노진은 김종직과 정여창을 이어 사림파를 계승한 인물로 기억되고 있지만, 또 다른 한편으로『춘향전』의 근원설화 가운데 하나로 인정되고 있는 '노진설화'의 주인공이기도 한데, 그 내용은 다음과 같다. 노진이 비용이 없어서 결혼을 못하자, 모친이 선천부사로 있는 당숙

사진24. 열녀선산김씨지려   사진25. 옥계노선생별묘

부를 찾아가 혼수를 얻어 오라고 보냈다. 그런데 당숙부를 찾아갔지
만 남루한 형색으로 부의 관문을 문지기가 열어주지 않아 들어가지
못하고 있는 와중에 어린 기생을 만났다. 그리고 그녀의 안내로 관문
에 들어가 당숙부를 만났지만 당숙부는 도움을 주기는커녕 냉대하였
다. 그래서 노진은 어린 기생을 다시 찾아 갔는데, 그 어린 기생은
노진을 반갑게 맞아주고 후하게 대접하였을 뿐만 아니라, 혼수까지
마련해 주었다. 노진은 그 어린 기생이 마련해 준 혼수를 가지고 돌아
와 결혼하였고, 그 뒤 과거에 급제하여 관서 지방을 순회하던 중 그
어린 기생을 다시 찾아갔다. 그 어린 기생은 노진과 인연을 맺은 후로
암자에 들어가 수절하고 있었고, 다시 만난 이들은 함께 행복하게 살
았다고 한다. 실제로 노진은 호서지방에 암행어사로 파견된 적이 있

었고, 만년에 몸이 불편하여 처향인 남원에서 잠시 머물기도 하였다. 무엇보다 이 설화에서 나타나는 열녀 기생이라는 이미지는『춘향전』과 상통하고 있는 부분이기도 하다.

이밖에 석문들 가운데 주목할 만한 내용과 특징을 살펴보면 다음과 같다. 먼저 지리산국립공원 북부사무소 구룡분소와 육모정 중간 지점에 크게 각석된 '용호석문' 네 글자는 이삼만(李三晩, 1770~1847)의 글씨로 전해지고 있다. 이삼만의 본관은 전주이고, 자는 윤원(允遠)이며, 호는 창암(蒼巖)·강암(强巖)·강재(剛齋) 등이다. 전북 정읍에서 출생하여 만년에는 전주에서 살았으며, 이광사(李匡師)의 제자로 알려져 있다. 전라도 두처에서 그가 쓴 편액(扁額)을 볼 수 있으며, 경남 하동 칠불암(七佛庵)의 편액도 그의 필적으로 알려져 있다.

다음으로 '방장제일동천(方丈第一洞天) 김두수(金斗秀) □□서(□□書)'에서 '방장제일동천'은 '방장산에서 제일 경관이 좋은 곳'이라는 뜻으로, 동천(洞天)은 곧 천지(天地)의 뜻이다. 곧 '산천으로 둘러싸인 경치 좋은 곳' 혹은 '세상'을 가리키며, 전하는 기록에 따르면 이 석문은 김두수가 8세 때에 쓴 것이라고 한다. 동천은 본래 중국의 도교(道敎)에서 사용하기 시작한 용어로 신선이 사는 곳을 지칭하는 말이었다. 이렇듯 '동천'이라는 말 속에도 이미 일반적인 보통의 장소가 아닌 특별한 장소, 혹은 별천지의 의미가 담겨져 있다.

이 '방장제일동천'과 같은 바위의 또 다른 면에 새겨져 있는 '나무아미타불(南無阿彌陀佛)' 여섯 글자는 노수현의 글씨로 알려져 있고, 대체로 20세기 초반에 새겨진 것으로 보인다. 그 뒷 구절인 '관세음보살(觀世音菩薩)'은 돌에 음각이나 양각으로 새겨져 있지 않고, 또 글자체가 다르다는 점에서 볼 때 이 석문은 미완성된 것이거나, 뒷 구절인

'관세음보살'은 훗날 다른 사람에 의해 덧붙여진 것으로 이해된다.

　음각으로 새겨져 있는 앞 구절 '나무아미타불'은 아미타부처에 귀의한다는 뜻으로 중생의 믿음을 표현한 육자명호(六字名號)라 부른다. 아미타부처는 무량수불 혹은 무량광불로 부르기도 하는데 서방정토에 살면서 중생을 구제하는 부처이다. 반면 새겨져 있지 않은 관세음보살은 흔히 관음보살이라 부르는 보살로, 세상의 모든 것을 스스로 관조하여 보살핀다는 뜻을 가진다. 사찰의 경우 관세음보살은 단독으로 조성되기도 하지만, 대부분 아미타부처의 협시보살로 나타난다. 그런 측면에서 나무아미타불이 음각으로 새겨져 있으므로, 그 옆에 당연히 관세음보살 다섯 글자가 새겨져야 한다고 볼 수도 있을 것이다.

　그리고 '용호정사동구(龍湖精舍洞口)'와 '갑자춘(甲子春)'이라는 기록은 현재의 60번 지방도로가 생겨나기 전에 용호서원으로의 출입이 어느 곳으로 이루어졌는지를 짐작하게 하는 석문이고, 갑자춘이라는 기록에서 보자면 1927년에 세워진 것으로 알려져 있는 용호서원이 최소한 갑자년인 1924년 전후에 이미 용호정사라는 이름으로 건립되어 있었거나 혹은 건립되고 있었음을 알 수 있다.

　실제로 용호서원의 연혁을 살펴보면 본래 이곳에는 주희의 영정을 모신 주자영당이 있었는데 1871년(고종 8) 대원군의 서원철폐령에 의해 훼철된 후, 1924~1925년 사이에는 김재홍이 목간당을 건립하여 영정을 봉안하다가, 1926년에는 다른 문인의 집으로, 그리고 1927년에 마침내 동양서사(東陽書社)에 안치하면서 봄가을에 향사하였다. 1939년 김재홍이 사망한 뒤 3년만인 1941년에 주자영정이 아닌 위패를 모시면서 송병선을 배향하게 되었고, 광복이후인 1967년 주자의 신위를 땅에 묻은 후, 송병선을 주벽으로 김재홍을 배향하였고, 그 뒤에 다시 김종가를 추가로 배향하였다. 이러한 건립과정을 살펴볼 때, 김재홍이 목간당을 건립할 때인 1924년을 전후해서 이미 '용호정사'라는 명칭을 사용한 것으로 짐작된다.

이밖에 석문에 등장하는 기사(己巳), 병오(丙午), 갑자(甲子), 신축(辛丑), 임인(壬寅), 임술(壬戌), 정미(丁未) 등의 간지(干支)를 살펴볼 때 대부분의 석문은 19세기 후반에서 20세기 중반까지, 그 중에서 20세기 초반에 집중적으로 새겨진 것으로 예측된다. 그리고 1932년은 일제하의 소화 7년으로 이 시기에 특별히 단기4265년을 표기한 것은 주목할 부분이라고 생각된다.

전체적으로 자연석에 새겨져 있는 석문의 내용 대부분은 인명으로 구성되어 있는데, 그 숫자는 모두 84인에 이르며, 중복된 이름은 없다. 그리고 그 대부분은 용호정 아래 계곡가에 새겨져 있는데, 이곳이 넓은 반석일 뿐만 아니라 용호구곡의 제2곡으로 뛰어난 풍광을 보여주는 곳으로 사람들이 많이 찾는 곳이기 때문이라고 짐작된다.

4. 용호구곡과 「무이도가」

그런데 자연석 석문은 모두 구룡계곡에 위치해 있는데, 구룡계곡은 '용호구곡(龍湖九曲)'으로도 유명하다. 여기에서 우리는 호경마을과 용호구곡 혹은 '구곡문화(九曲文化)'와의 관련성에 주목하지 않을 수 없다. 특히 '용호구곡'이 지리산권에서 유일하게 '구곡'이라는 명칭을 사용하고 있고, 또 어떤 형태로든 구곡문화와 관련되어 있다는

사진26. 무이서원

사실에서 보자면 그 필요성은 더욱 부각된다고 할 수 있다.

'용호구곡' 혹은 구곡문화는 주희와의 관련성을 부정하기 어려운
데 그것은 다음과 같은 사실에서 확인된다. 주희가 복건성(福建省) 무
이산(武夷山)에 무이정사(武夷精舍)를 지은 후 그곳에서 저술과 함께
제자들과 학문을 논하면서, 「무이도가(武夷櫂歌)」를 지어 무이산의
아름다움을 노래하였다. 그런데 그 「무이도가」는 무이산의 '구곡'을
소재로 한 것이고, 이 「무이도가」는 16세기 이래 조선의 지식인들에
게 적극적으로 수용되었다. 이이의 「고산구곡(高山九曲)」은 이와 같
은 조선 구곡시가의 선구가 되었고, 송시열의 「화양구곡(華陽九曲)」,
권상하의 「황강구곡(黃江九曲)」 등이 그 뒤를 이어 등장하였다. 그리
고 17세기에 들어서 우리나라에서는 '구곡문화'라고 이름붙일 만한

유행과 함께, 조선식의 구곡을 그림으로 표현한 구곡도가 탄생하였
다. 이러한 과정을 거치면서 전국에는 150여 개의 '구곡'이라는 지명
이 등장하였고, 넓게는 호경마을의 '용호구곡' 역시 이러한 구곡문화
혹은 그 유행의 산물이라고 볼 수 있을 것이다.

그런데 여기에서 한 가지 의문을 제기할 수 있다. 그것은 다름 아
닌 왜 조선에서는 이토록 주희의 「무이도가」에 연연하며, '구곡문화'
라는 하나의 유행을 만들어 내었는가 하는 점이다. 그런데 이 문제를
조심스럽게 들여다보면, 여기에서 퇴계학파와 율곡학파 사이의 학문
적 패권, 즉 학문적 헤게모니(hegemony) 선점을 위한 전략을 발견하
게 된다. 잘 알려져 있듯, 조선은 성리학을 국가 이념으로 하여 건국
된 국가였고, 그 성리학은 다름 아닌 주자학이었다. 이러한 측면에서
보자면 주자학은 조선에서 절대적인 진리임과 동시에, 참과 거짓을
구분하는 불변하는 기준이었다. 그런 의미에서 주자와의 유사성은
바로 자신의 주장이 참임을 보증하는 일이었고, 또 자신 혹은 자신이
소속해 있는 학파를 주자가 가진 위상이나 권위를 가지도록 끌어올
리는 중요한 수단이 되었던 것이다.

주희가 강학했던 무이산에 구곡이 있었고, 그것이 주희 혹은 주자
학의 위상 혹은 권위를 대변해 보여주는 것이라면, 이이의 「고산구곡
」이나 송시열의 「화양구곡」 등은 바로 자신들이 주희가 강학했던 무
이산에 버금가는 수준이나 위치에 있음을 보여주는 것이기도 하였다.
그런데 여기에서 제시되고 있는 이이나 송시열 등의 이름에서 드러나
듯, 학파 간의 헤게모니 선점을 위한 전략에서 먼저 이 '구곡'을 이용
한 이들은 다름 아닌 바로 율곡학파의 인물들이었다. 다시 말해서 초
창기 퇴계학파와 율곡학파가 형성되던 시기에는 이황과 이이의 나이

차이 만큼이나 율곡학파는 퇴계학파에 비해 주도권을 행사하지 못하고 있었고, 이러한 상황에서 율곡학파는 '구곡문화'의 선점을 통해 자신들의 위상을 제고하거나 확장해 갔다고 이해할 수 있는 것이다.

그런데 이러한 모습은 17세기를 지나면서 반전되고, 18세기에 이르게 되면 정치적으로나 학문적으로 모두 율곡학파에 비해 열세를 면치 못하게 된 퇴계학파 역시 동일한 목적을 가지고 '구곡'문화를 수용했을 뿐만 아니라, 여기에 더해 주희의 무이산에 대해 이황의 청량산을 강조하기 시작하였다. 1771년에 청량산의 산지(山誌)인 『청량지(淸涼誌)』가 출간되고, 이 시기를 전후하여 이이순, 이야순, 이가순, 이종휴, 조술도, 금시술, 최동익 등이 도산구곡을 소재로 하는 시를 남기고 있는데 이러한 일련의 작업들이 모두 이황이나 퇴계학파의 위상을 제고하고 내적으로 퇴계학파를 결속하여 율곡학파에 대응하기 위한 노력이었다고 이해할 수 있다.

그렇다면 용호구곡과 '구곡문화'의 관련성은 어디에서 확인할 수 있을까? 그것은 다음과 같은 「무이도가」의 내용에서 일정부분 확인할 수 있다고 판단되는데, 모두 10수로 구성된 주희의 「무이도가」와 그 내용을 살펴보면 다음과 같다.

무이산 위에는 신선들이 살고 있고,	武夷山上有仙靈
산 아래 푸른 시내 굽이굽이 맑도다.	山下寒流曲曲淸
그 안의 기이한 절경 알고자 한다면,	欲識個中奇絕處
뱃노래 두어 가락 한가로이 들어보소.	櫂歌閑聽兩三聲
일곡이라 시냇가에 낚싯배를 띄우니,	一曲溪邊上釣船
만정봉 그림자가 맑은 내에 잠겨 있네.	幔亭峰影蘸晴川

무지개다리 끊어지자 소식조차 없고, 虹橋一斷無消息
온 골짝 바위마다 푸른 안개 자욱하네. 萬壑千巖鎖翠煙

이곡이라 우뚝하니 솟아있는 옥녀봉, 二曲亭亭玉女峰
꽃을 꽂고 물가에서 누굴 위해 꾸몄는가? 揷花臨水爲誰容
도인은 양대의 꿈 다시 꾸지 않으니, 道人不作陽臺夢
앞산에 스민 흥취 푸르름이 몇 겹인가. 興入前山翠幾重

삼곡이라 가학선을 그대는 보았는가, 三曲君看架壑船
노 젓기를 멈춘 지 몇 해이던고? 不知停棹幾何年
상전이 벽해되어 지금처럼 변했으니, 桑田海水今如許
물거품 같은 인생 가련타 어이하리. 泡沫風燈敢自憐

사곡의 동서에 두 봉우리 우뚝한데, 四曲東西兩石巖
바위틈 꽃잎 이슬 푸른 물에 번져가네. 巖花垂露碧㲯㲯
금계 울음 그치자 본 사람 다시없고, 金鷄叫罷無人見
빈 산에 달빛 가득 와룡담엔 물이 그득. 月滿空山水滿潭

오곡이라 산 높고 구름 깊어 五曲山高雲氣深
는개가 늘 끼여 평림이 어둑어둑. 長時煙雨暗平林
숲 속의 이 늙은이 알아주는 이 없으니, 林間有客無人識
어여라! 뱃노래에 만고 수심 서려있네. 欸乃聲中萬古心

육곡이라 푸른 물굽 창병봉을 휘감고, 六曲蒼屛繞碧灣
띠집에는 온종일 사립문 닫혀있네. 茆茨終日掩柴關
나그네 노 멈추니 바위 꽃잎 떨어지고, 客來倚棹巖花落
새들도 놀라잖는 한가로운 봄날이여. 猿鳥不驚春意閑

<table>
<tr><td>칠곡이라 노를 저어 푸른 여울 오르며,</td><td>七曲移舟上碧灘</td></tr>
<tr><td>은병봉과 선장암을 다시금 돌아보네.</td><td>隱屛仙掌更回看</td></tr>
<tr><td>사람들은 말을 하지 이곳엔 절경없고,</td><td>人言此處無佳景</td></tr>
<tr><td>쓸쓸한 석당만 덩그렇게 남았다고.</td><td>只有石堂空翠寒</td></tr>
</table>

<table>
<tr><td>팔곡이라 안개 속에 산세는 트여가고,</td><td>八曲風煙勢欲開</td></tr>
<tr><td>고루암 아래로 물줄기 감아 도네.</td><td>鼓樓巖下水潆洄</td></tr>
<tr><td>이곳에 절경 없다고 말하지 마소,</td><td>莫言此處無佳景</td></tr>
<tr><td>여기까지 와 보지 않아서라네.</td><td>自是遊人不上來</td></tr>
</table>

<table>
<tr><td>구곡에 다하려니 눈앞이 확 트이고,</td><td>九曲將窮眼豁然</td></tr>
<tr><td>싱그러운 뽕나무 밭 평천이 나타나네.</td><td>桑麻雨露見平川</td></tr>
<tr><td>어부는 다시 무릉도원 찾아가나,</td><td>漁郎更覓桃源路</td></tr>
<tr><td>이곳 말고 별천지 어디 있으랴.1)</td><td>除是人間別有天</td></tr>
</table>

호경마을의 용호구곡과 주희의 「무이도가」의 비교로부터 찾아지는 양자 사시의 유사성은 몇몇 명칭에서 간접적으로 확인된다. 즉 주희의 「무이도가」에 등장하는 명칭 가운데 제이곡의 '옥녀봉(玉女峰)', 제칠곡의 '은병선장(隱屛仙掌)' 곧 은병봉과 선장암 등이 용호구곡에 동일하게 수용되거나 유사하게 사용되고 있다는 점에서 그 연관성을 간접적으로 확인할 수 있다. 또한 김두수가 쓴 것으로 전해지는 '방장제일동천(方丈第一洞天)'이라는 구절은 주희의 「무이도가」 제구곡의 마지막 구절에 '이곳 말고 인간 세상에 별천지가 있으랴[除是人間別有天]'라는 구절과 사실상 같은 뜻으로 이해할 수 있을 것이다. 다

---

1) 최석기 등, 『주자』, 술이출판사, 2005, 357~360쪽의 「무이도가」 번역 참조.

만 '용호구곡'과 관련해서는 9곳의 지명과 관련된 시가 등이 전해지거나 구곡을 그린 그림이 그려진 것은 아니다.

5. 의의와 과제

앞에서 우리는 호경마을 석문의 분포와 현황에서부터 그 석문의 내용과 특징, 그리고 여기서 한 걸음 더 나아가 주희가 지은 「무이도가」와의 관련성 속에서 대부분의 석문이 새겨져 있는 「용호구곡」에 대한 이해를 시도해 보았다. 그리고 이것은 대체로 우리나라 최초의 마을 단위 석문에 대한 현황파악과 함께 그 특징을 헤아려 보는 장이 되었다고 생각된다.

호경마을의 석문 대부분은 생존 시대가 확인되지 않는 인명(人名)으로 구성되어 있고, 그 외에는 '용호석문(龍湖石門)'이나 용호구곡의 각 명칭처럼 특정 공간을 가리키는 것이 다수를 차지하고 있다. 거의 모든 석문이 한자이지만, 최근에 조성된 4곳의 비석은 한글 혹은 한글과 한자를 혼용한 형태를 보여준다. 한자 석문은 그 서체에 있어서 대부분 일상생활에서 가장 많이 쓰였던 행서(行書)의 글자체이고, 경우에 따라 행서와 초서가 섞여 있다.

이제 남아 있는 과제를 헤아려 본다면 우선 지적할 수 있는 것이 바로 대부분의 석문 내용을 차지하고 있는 84인에 이르는 인명에 대한 분석이다. 그 가운데 관직이 확인되는 몇몇 인물의 경우『조선왕조실록』이나『승정원일기』등에서 그 실재여부에 대한 확인을 시도해 보았지만, 충분한 성과를 거두지는 못하였다. 반면에 오직 성과

이름만 확인되고 있는 인물들의 경우 그 생존시기에 대한 확인 작업
은 더욱 쉽지 않겠지만, 그러한 작업을 통해 석문에 대한 시대별 인
물들의 성향을 가늠해 볼 수 있다는 측면에서 나름의 의미를 가진다
고 판단된다. 아울러 이들 인물들에 대한 이해를 통해 '용호구곡'과
그곳에 전해져 오는 전설, 그리고 석문과 그렇게 새겨져 있는 인물들
의 이름이 어우러져 하나의 이야기가 구성될 수 있다면 호경마을과
용호구곡은 보다 많은 사람들에게 기억될 수 있을 것으로 기대된다.

호경마을의 고문헌 자료,
「용호구곡경승안내」

전병철

1. 김사문의 생애와 활동

「용호구곡경승안내(龍湖九曲勝景案內)」를 서술하기에 앞서 저자인 김사문(金思汶, 1889~1973)에 관한 이해가 전제되어야 할 것이다. 그의 가계를 간략하게 살펴보자면, 본관은 연안(延安)이며, 고려 명종 때 국자감(國子監) 사문박사(四門博士)를 지낸 김섬한(金暹漢)을 시조로 한다.

이로부터 6대를 내려와 김도(金濤)는 자가 장원(長源)이며, 호는 나복산인(蘿葍山人)이다. 고려 공민왕 때의 명현으로, 1370년(공민왕 19) 8월 박실(朴實)·유백유(柳伯濡) 등과 함께 향공(鄕貢)으로 뽑혀 정조사(正朝使) 권균(權鈞)을 따라 명나라에 갔다. 이듬해 제과(制科)에 급제해 동창부(東昌府) 구현(丘縣)의 승(丞)에 임명되었다. 그러나 중국어가 서툴고 고향에 노친이 있다는 이유로 사퇴하고 돌아왔다. 귀국하자 공민왕은 예를 갖추어 맞이했으며, "이 사람이 제과에 급제하고 또 황제의 제수를 입어 천하 사람들이 우리나라에 인재가 있다는 사실을 알게 했다."라 칭찬하고 우사간(右司諫) 예문관(藝文館) 응교(應敎)에 임명했다. 그리고 그의 성명 및 자호 여덟 글자를 크게 써서 내려주었는데, 당시 사람들이 그가 기거하는 곳을 '팔자동(八字洞)'이라 일컬었다. 여러 관직을 역임한 후 성균사예(成均司藝)에 올랐다.

우왕이 즉위하자 문하사인(門下舍人)으로서 좌사의(左司議) 유순(柳珣), 기거사인(起居舍人) 박상진(朴尚眞), 우사의대부(右司議大夫) 안종원(安宗源) 등과 함께 환관의 정치 간여를 금지하는 내용의 글을 도당(都堂)에 올렸다.

또한 좌사의 안종원, 보궐(補闕) 임효선(林孝先), 정언(正言) 노숭(盧嵩) 등과 함께 왕에게 김흥경(金興慶)과 그 일당이 왕백(王伯)·안소(安沼)·정귀수(鄭貴壽) 등을 내쫓고 유신(維新)의 정교(政敎)를 펼치도록 상소했다. 이에 김흥경이 언양(彦陽)으로 귀양을 갔으며, 그의 집이 몰수당하였다.

1376년(우왕 2) 12월에 좌부대언(左副代言)에 오르고, 이듬 해 3월에는 지신사(知申事)로서 국자감시관(國子監試官)이 되어 정전(鄭悛) 등 99인을 뽑았으며, 곧 밀직제학(密直提學)으로 승진하였다. 이 때 찬성사 홍중선(洪仲善)과 어울려 반대세력을 비판해 권신 이인임(李仁任)의 미움을 받게 되었다.

1379년 그의 가노(家奴)가 연경궁(延慶宮) 옛터의 돌을 훔친 일로 이인임의 탄핵을 받아 파면되었다. 환관 이득분(李得芬)의 도움으로 화는 면했으나, 같은 해 7월에 양백연(楊伯淵)의 옥사에 연루되어 효수되었다.

그의 아들은 김여지(金汝知)로, 조선 태종 때 예문관(藝文館) 제학(提學)을 지냈으며, 시호는 문익(文翼)이다. 형 문정공(文靖公) 김자지

(金自知)와 함께 도덕과 문장으로 이름을 떨쳤다. 사림이 김도와 그의 아들 김여지·김자지 양대삼현을 전라남도 담양군 창평(昌平) 나산리(蘿山里) 삼현사(三賢祠)에 제향했다.

김여지는 김승(金昇)을 낳으니, 홍문관 및 예문관의 대제학을 지냈다. 그의 아들 김석철(金錫哲)은 1490년(성종 21) 부장(部將)이 되었으며, 1500년(연산군 6) 훈련원첨정(訓鍊院僉正)과 1506년 평안도병마절도사 등을 역임했다. 1507년(중종 2) 이과옥사(李顆獄事)에 연루되어 국문을 받았으나 무사하였다. 1509년 경상우도병마절도사가 되었다. 그때 제포와 부산포의 항거왜인(恒居倭人)들이 대마도주의 내원을 받아 살인, 방화, 약탈하는 등 삼포왜란(三浦倭亂)을 일으키자 즉시 조정에 보고하고 중앙에서 출동한 군대와 합세하여 이를 진압했다. 이어서 경상우도방어사가 되었다.

제주도 방어의 중요성이 제고됨에 따라 무재(武才)가 특출한 자로 지목되어 제주목사로 전출되었다. 1513년 한성좌윤이 되어 귀경한 후, 제주의 여러 폐단을 논하고 그 시정을 촉구했다. 1514년 성절사(聖節使)로 명나라에 다녀왔으며, 이듬해 함경북도병마절도사를 거쳐 다시 한성좌윤이 되었다. 1516년에 공조참판이 되고 진하(進賀) 겸 정조사(正朝使)로 다시 명나라에 가서 이듬해 돌아왔다. 1518년 병조참판이 되었으며 그뒤 수시로 어전에서 병가방략(兵家方略)을 강론했으며, 1528년 동지중추부사를 역임하였다.

이로부터 4대가 내려와 김인개(金仁漑)에 이르니, 광해군 때 벼슬을 그만두고 남쪽으로 내려와 담양군 창평 나산에 은거했다. 이로부터 연안김씨가 이곳에 세거하게 되었다.

김사문의 고조는 김재열(金載悅)이며 증조는 김갑(金鉀)이니, 모두

문학에 뛰어났다. 조부는 김규연(金奎淵)으로, 호가 모헌(慕軒)이다. 효성이 지극하여 부친이 병들자 똥을 맛보아 병세를 살폈으며, 손가락의 피를 내어 마시게 하는 등 극진히 간호했다. 사림이 그의 효성을 관청에 아뢰었으며, 그 효행이 남원읍지에 수록되었다. 부친은 김남수(金南秀, 1854~1914)로, 호가 남강(楠岡)이다. 간재(艮齋) 전우(田愚)의 문하에서 수학했으며, 재주와 문장이 뛰어나 면암(勉菴) 최익현(崔益鉉)의 칭찬을 받았다. 그의 사적이 남원읍지에 기록되어 있으며, 문집을 남겼다. 모친은 청주한씨(淸州韓氏)로 한상권(韓祥權)의 딸이며, 부녀자의 규범을 온전히 갖추었다.

김사문은 1889년(고종 26) 전라남두 남원군 주천면(朱川面) 호경리(湖景里) 양호정(兩湖亭)에서 출생했으니, 3형제 가운데 둘째이다. 자는 재숙(在叔)이며, 호는 난사(蘭史)이다. 7세 때 부친에게서 학문을 배우기 시작했다. 15세 때 주천면 주천리(周川里)로 이거했다. 17세에 장수군 반암면(蟠岩面) 논곡리(論谷里)에 사는 소병순(蘇秉旬) 씨의 장녀와 혼인했다.

젊은 시절 때 여름에는 농사에 종사하고 겨울 석 달 동안은 부친에게 나아가 학문을 익혔다. 또한 전주의 백인기(白仁基) 씨의 백락재(白樂齋)와 임실의 진재섭(陳在燮) 씨의 모성재(慕聖齋)에서 공부하기도 했다.

27세로부터 41세까지는 주천면 주천리의 학성재(學聖齋)에서 300여 명의 학생들을 가르쳤다. 그때 수학한 이로는 한연석(韓連錫)·류명수(柳明洙)·태홍기(太洪基)·소문수(蘇文洙)·김종원(金鍾遠) 등이 있다.

42세에서 48세까지는 남원군 수지면(水旨面)의 용산재(龍山齋)에서 류방열(柳芳烈) 등의 200여 명을 가르쳤다. 49세에서 55세 이르는 시기에는 운봉면(雲峰面) 주촌리(舟村里)의 지산재(智山齋)에서 형재환(邢在煥)·권맹규(權孟圭)·정종수(鄭鍾洙) 등의 100여 명을 지도했다. 그리고 59세에서 62세에 이르기까지는 이백면(二白面) 초동(草洞) 초동재(草洞齋)에서 이기우(李奇雨) 등의 120명을 가르쳤다. 63세로부터 69세까지는 주천면 호경리 호운재(湖雲齋)에서 박환중(朴煥中)·허영욱(許榮旭)·김문수(金文洙)·김중열(金仲烈)·노상호(盧相昊)·노상복(盧相福) 등의 300여 명을 훈도했다. 1973년 10월, 85세를 일기로 주천면 주천리에서 별세했다.

이와 같이 김사문은 평생 학문을 닦고 학생을 가르치는 일에 종사했는데, 저술인『한훤문답(寒暄問答)』·『강고야설(講古野說)』·『자의문답(字義問答)』·『한문속법해(漢文屬法解)』·『간찰입문(簡札入門)』등은 학생들을 지도하기 위해 편찬한 것이다. 이를 통해 그의 강학에 대한 열정과 정성을 실감할 수 있다. 이 외에도 시문집『야묵(野墨)』2권을 비롯한 여러 저술을 남겼는데, 1992년 김판기(金判基) 등이 간행한『난사김선생유고(蘭史金先生遺稿)』에 모든 유고가 수록되어 있다.

당대의 석학인 위당(爲堂) 정인보(鄭寅普), 동강(東江) 김영한(金寧漢), 박사 허주(許柱) 등을 비롯해 영호남 인사들과 폭넓은 교유를 가졌다.

2. 「용호구곡경승안내」의 내용과 의미

김사문의 「용호구곡경승안내」는 평생 동안 이 지역에 살면서 직접 보고 느낀 경험과 축적된 지식에 근거하여 서술하고 있다는 점에서 남다른 가치를 가진다. 더욱이 용호구곡에 관해 이처럼 자세한 기록이 이전에 없었다는 사실을 감안한다면, 이 자료가 지니는 의미를 부연 설명할 필요가 없으리라 생각된다.

김사문이 이 글을 짓기 이전 용호구곡에 관해 기록한 자료는 연재(淵齋) 송병선(宋秉璿, 1836~1905)의 「두류산기(頭流山記)」가 유일한 듯하다. 이 유람기는 용호구곡에 대해, "용호동(龍湖洞)으로 접어드니 골짜기가 깊고 그윽하였다. 시내에 하얀색 너럭바위가 있었는데, 움푹 패여 도랑이 된 곳으로 맑은 물이 흘러내리다 떨어져 맑은 못이 되었다. 위쪽에 주자(朱子)와 우암(尤庵) 송시열(宋時烈) 두 선생의 영정을 모신 사당이 자리했던 터가 있어 오래두록 이리저리 거닐었다."[1]라고 서술한 부분이 있다. 이 기록에 따른다면 호경마을에 주희(朱熹)와 송시열을 모신 사당이 존재했었다는 내용을 볼 수 있는데, 「용호구곡경승안내」에는 보이지 않는다.

이와 달리 김사문은 원동계(元洞契)의 기원에 관해 제이곡(第二曲) 고암대(鼓巖臺)의 서술 부분에서, 300년 전의 선대 장로로부터 향약을 만들고 보급한 주희와 여대림(呂大臨) 두 선생을 이곳에 영정으로 모셔 제사를 지내기 위해 닦아오던 향약계라고 밝히고 있다. 그리고 영정을 모신 정자는 1868년 서원철폐령에 의해 철거되고 영정은 남양재(南養齋)로 옮겨져 봉안되었으며, 서원의 터는 영송(嶺松) 김재홍(金在洪)의 강학소로 바뀌었다는 사실을 자세하게 밝히고 있다.

따라서 송병선의 「두류산기」와 김사문의 「용호구곡경승안내」는 고암대에 있던 사당의 배향자를 송시열 또는 여대림으로 상이하게

---

1) 송병선, 『淵齋集』 권21, 「頭流山記」. "轉入龍湖洞 澗谷深幽 有白石溪中盤陀 坎而成溝 清流瀉出 墜爲澄潭 上有朱宋兩夫子影堂舊址 彷徨久之"

서술하고 있어 차후의 상세한 고증이 필요하다. 하지만 고암대에 주희 및 다른 한 명의 영정을 모신 사당이 있었다는 사실과 그 사당이 훼철되어 영정이 남양재로 옮겨져 보관되어진 사연을 알 수 있는 중요한 근거가 된다.

또한 서원의 터를 김재홍이 구입하여 자신의 강학소를 설립했다는 사실은 1927년 김재홍이 용호정사(龍湖精舍)를 건립하여 차후에 이곳이 용호서원(龍湖書院)으로 확장되었으며, 주자와 다른 한 명의 영정 대신에 이곳을 다녀간 송병선과 용호서원의 건립에 주도적 역할을 담당한 김재홍 및 김종가(金種嘉)가 배향 인물이 된 연유를 추론할 수 있는 근거 자료가 된다.

이 외에도 제일곡 송력동(松瀝洞)의 이름이 붙여진 유래, 송림사(松林寺)가 폐사가 된 전설, 제이곡 불신당(佛神堂) 주변의 석문(石文)을 쓴 작자들, 제사곡 칠성암(七星庵)의 명칭 유래, 제오곡 유선대(遊仙臺)에 전해지는 산서(山西) 조경남(趙慶男, 1570~1641)의 일화, 제팔곡 경천벽(擎天壁)과 제구곡 용화굴(龍化窟)이 그 이름을 가질 수 밖에 없었던 경관의 모습 등을 자세하게 설명하고 곡진하게 묘사하고 있어 용호구곡의 곡명(曲名)·고적(古蹟)·전설 등을 이해하는 데에 현재로선 이보다 더 중요한 자료는 없다고 그 가치를 평가할 수 있다.

하지만 서문에서 서술한 중국 당나라 이적(李勣)의 시구, 송시열의 활화첩과 허목(許穆)의 달관시는 모두 인용한 출처(出處)가 불분명하다. 그리고 다른 부분에서도 구체적인 기록이나 자료에 근거한 것이기 보다 구전(口傳)에 바탕한 내용이 있어 그대로 받아들이기 힘든 부분도 있다는 점을 밝혀둔다.

3. 「용호구곡경승안내」 번역문

1) 서문

방장산(方丈山)은 삼신산(三神山) 가운데 하나이요, 용호(龍湖)는 방
장산에서 제일로 꼽히는 승경이다. 세상 사람들 중에 산수벽(山水癖)
이 있는 자만이 나막신을 드날리며 금강산(金剛山)을 찾아 유람하니,
금강산은 과연 세계의 명승이다. 옛날 교통이 개발되지 않은 황량한
시대로부터 이미 그 이름이 높아 당나라 때 시호(詩豪) 이적(李勣)은
고려국(高麗國)에 태어나 금강산을 한번 보는 것이 소원이라는 탄식
을 담아 시를 지었다.2) '산과 구름이 함께 희니, 구름과 산을 분변하
지 못하겠네. 구름 돌아가고 산만 홀로 서 있으니, 일만이천봉이라
네.[山與雲俱白 雲山不辨容 雲歸山獨立 一萬二千峰]'라는 우암(尤庵)
선생3)의 활화첩(活畫帖)4)과 '짚신 신고 대지팡이 짚고서 동쪽 언덕
을 올라 동해를 바라보니, 동해의 동쪽은 동쪽이 없어라.[履草履杖竹
杖 登東皐望東海 東海之東無東]'라는 미수(眉叟) 선생5)의 달관시(達
觀詩)6) 등 여러 이름난 시축을 감상하여 남김없이 알 수 있다. 오늘
날은 교통편이 이르지 않는 곳이 없어 탐승의 열기가 절정에 달한 시
대이다. 봄꽃이 피고 가을바람이 불어올 때, 금강산이 인해(人海) 가
운데 부침하는 한 폭의 그림이 되었다.

---

2) 김사문은 이 시구의 작자를 李勣이라고 하지만, 북송의 東坡 蘇軾이 지은 것이라
   는 설이 일반적이다. 또한 당나라 때의 李白이라는 설도 있다. 따라서 이 시구의
   작자에 관한 설은 현재까지는 명확하지 않은 듯하다.
3) 尤庵 선생 : 조선 후기의 학자이자 문신인 宋時烈, 1607~1689을 가리킨다.
4) 우암 송시열이 지었다고 전해지는데, 그의 문집인 『宋子大全』에는 보이지 않는다.
5) 眉叟 선생 : 조선 후기의 학자이자 문신인 許穆, 1595~1682을 가리킨다.
6) 이 시도 또한 미수 허목의 문집인 『記言』에 보이지 않는다.

　이처럼 탐승의 열기가 높은 것에 짝하여 예전 금강산에 심취한 자들이 지금 용호을 찾아오는데, '진작 이런 곳이 있는 줄을 알았다면 어찌 멀리까지 수고로이 갔을까'라는 탄식을 이구동성으로 말한다. 그리하여 매번 봄가을에 지팡이를 짚고 나막신을 신은 자들이 앞에서 당기고 뒤에서 밀면서 손가락으로 가리키고 입으로 찬탄하며 반드시 구곡(九曲)의 신비로움을 낱낱이 찾아보려 하니, 과연 용호의 빼어남이 금강산과 비교해 어떠한가.

2) 제일곡(第一曲)

　제일곡은 '송력동(松瀝洞)'이니, 골짜기 입구의 마을 이름이 먼저 호수의 풍경을 소개한다. 호경리(湖景里) 마을로부터 물소리를 밟으며 동쪽으로 몇 걸음을 걸어가면 남쪽으로 열린 골짜기가 작은 물줄기를 흘려보내며 용호와 물결을 합하고 있다. 멀리서 바라보면 송림이 봉긋 솟아있으며 골짜기 입구에 인력으로 크고 작은 돌을 쌓아 올려 축대를 지은 것이 있다. 옛날 말에 근거하면 호경의 어떤 인사(人士)가 풍수설에 의해 을진수충(乙辰水冲)[7]을 방비한 것이라고 한다.

　송림과 축대를 넘어 몇 걸음을 옮기면 한 길 높이의 바위 꼭대기에서 맑은 물이 옥처럼 쏟아지니, 이것이 이른바 '송림약천(松林藥泉)'이다. 봄에서 여름으로 넘어갈 무렵, 머리를 감고 몸을 씻으려는 화장한 여자들과 정장한 남자들이 길을 다투어 운집한다. 송력의 골짝 이름이 이로 인해 유래된 것이다.

　맑은 물을 거슬러 올라 남쪽으로 1리를 나아가면 둥근 모양의 폐허

---

7) 乙辰水冲 : 을진은 동동남의 방위를 가리키며, 수충은 물이 들이치는 것을 말한다.

지에 부서진 탑과 깨어진 기와가 지난 역사를 증명하고 있으니, 송림사(松林寺)의 유허이다. 절은 고려조의 고찰인데, 한때는 매우 부유하고 성대했다. 용호의 명승을 곁에 둔 탓으로 시인과 풍객이 너무 빈번하게 올라왔으므로 승려들이 괴로움을 겪었다. 저들의 무례를 느낀 한 지사(地師)가 탐방객을 막을 묘안이 있다고 말해 절 남쪽의 돌무더기를 도끼로 깨뜨려 절이 망했다고 말을 퍼뜨렸다. 지금 황량한 유허지를 올라가 보면 다만 산이 깊어 느껴지는 정취뿐이요, 볼만한 푸른 승경은 별반 없다.

3) 제이곡(第二曲)

제이곡은 옥녀봉(玉女峯)이다. 송력동(松瀝洞)으로부터 호수를 거슬러 올라 동쪽으로 돌면 단아한 봉우리 하나가 '용호의 **빼어난 경치를** 구하거든 나를 찾아 물으라'는 듯한 모습으로 사람의 시선을 끌어당긴다. 물은 바위와 다투며 층층이 떨어지니 폭포가 아닐 수 없는지라, 한 자 높이 두 자 높이 거슬러 올라갈수록 점점 높아져 옥룡추(玉龍湫)의 쏟아지는 폭포에 이르러 장관을 드러내었다. 바위는 옥을 투기하여 새하야니 각기 그 형상을 지닌 모습이 두 손으로 어루만질 만하다. 누운 것은 물고기 성품이요 서 있는 것은 들짐승 형태이다. 볼수록 더욱 기이하여 고암대(鼓巖臺)의 반석에 이르러 그림같은 경계를 열었다. 물의 성질은 흘러가는지라 부득불 내려가거니와 바위의 형세는 누구 때문인지 위로 거슬러 올라가지 않는 것이 하나도 없다. 호수 하나를 누워 마시고서 동쪽에 머리를 두고 서쪽에 꼬리를 내린 채 아가미가 움직이는 듯한 것은 이름이 '이암(鯉巖)'이요, 잉어가 마시는 못은 이름이 '불영(佛影)'이니 부처의 그림자가 임하였기 때문이다.

이암을 등지고 북쪽 기슭을 우러르매 암벽의 돌처마가 높이는 한 길 됨직하고 넓이는 열 명이 앉을 만한 천연적으로 이루어진 감실에 한 구의 석상(石像)을 안치하였으니, 이것이 이른바 '불신당(佛神堂)'이다. 고대 송림사(松林寺)의 유물인데 등림객이 향을 피우고 기도를 올리는 이들이 많았다. 그런데 뜻하지 않게 지난 갑술년(1934) 여름에 운악암(雲嶽菴) 승려에게 도둑맞아 호경의 인사들이 자취를 추적하여 돌려놓도록 책망하니, 애석하도다 도둑 승려가 삼가지 않아 머리와 얼굴이 온전하게 돌아오지 못했다. 감실 벽면에 '나무아미타불(南無阿彌陀佛)'이라고 새로 새긴 붉은 각자는 노수현(盧洙鉉)의 정성 어린 묵적이요, 불신당 벽의 동쪽에 '용호석문(龍湖石門)'이라는 큰 네 글자는 이삼만(李三晚)[8]의 고필(古筆)이요, 석문의 서쪽에 '방장제일 동천(方丈第一洞天)'이라는 새로 새긴 각자는 김두수(金斗秀)가 8살 때 쓴 글씨이니 어린 아이의 묘취(苗翠)가 사랑스럽다.

봉우리를 돌아 길을 접어들면 육각형의 새로 지은 정자가 옥룡추

---

8) 李三晚 : 조선 후기의 서예가로, 생몰은 1770~1847이다. 자는 允遠, 호는 蒼巖이며, 본관은 全州이다. 전북 정읍에서 출생했으며, 만년에는 전주에 살면서 完山이라고도 호를 썼다. 어린 시절에 당대의 명필이었던 李匡師에게 글씨를 배웠는데, 글씨에 열중하여 布를 누여가면서 연습하였다 한다. 부유한 가정에 태어났으나 글씨에만 몰두하여 가산을 탕진했으며, 병중에도 하루 천자씩 쓰면서 "벼루 세 개를 먹으로 갈아 구멍을 내고야 말겠다."고 맹세했다 한다. 글씨 배우기를 청하면 점 하나 획 하나를 한 달씩 가르쳤다고 한다.
 그의 글씨는 알려지지 않았으나 우연히 전주에 온 부산상인의 장부를 쓰게 되었는데, 그 상인이 귀향하여 감상가에게 보이게 된 것을 계기로 필명이 높아졌다고 한다. 하동 七佛庵의 편액과 全州板 七書도 그의 필적이라고 한다. 또 전주 濟南亭의 편액을 썼는데 갑오경장 때 제남정은 소실되었으나 편액은 집안의 뜰에 날아 떨어졌다는 일화도 있다. 吳世昌은 "창암은 湖南에서 명필로 이름났으나 법이 모자랐다. 그러나 워낙 많이 썼으므로 필세는 健愈하다."고 평했다. 특히 초서를 잘 썼으며 그의 서체를 창암체라 하였다. 전라도 도처의 사찰에 그가 쓴 편액을 볼 수 있다.

(玉龍湫)의 쏟아지는 폭포에 임하여 멀리 아득하게 보이니, 이곡(二曲)의 빼어난 경관이 여기에 그쳐 지극하도다. 열길 높이의 곤추선 파도가 동이를 뒤집은 듯 우레처럼 떨어지니, 사람의 말소리를 지척 간에도 알아듣기 힘들다. 권삼덕(權三德)이 노래를 익힌 곳이다. 고암대 동서쪽에 반반하게 트여 있는 바위는 넓이가 천 명이 앉을 만하다. 고금 인사의 성명이 적힌 글자로 인해 고암대 전폭이 한 조각의 여유도 없다.

정자는 원동(元洞) 계원이 지은 것인데, 계는 300년 전의 선대 장로로부터 주희(朱熹)와 여대림(呂大臨) 두 선생9)을 이곳에 영정으로 모셔 제시를 지내기 위해 닦아오던 향약세인 바 이태왕(李太王)10)세서 무진년(1868)에 조령(朝令)으로 서원을 철폐한 후 두 선생의 영정은 남양재(南養齋)에 옮겨져 봉안되고 서원의 터는 거듭 팔려 여러 차례 주인이 바뀌어 지금은 영송(嶺松) 김재홍(金在洪) 처사의 강학소가 들어섰다. 다행히 이 문지(文地)가 본래의 영화를 잃지 않았다. 강당(講堂)에서 '목간(木澗)'이라고 편액한 곳은 처사의 집편실(執鞭室)이니, 나무 열매를 먹고 시냇물을 마신다는 뜻이다. '수성(須成)'으로 편

---

9) 朱熹와 呂大臨 두 선생 : 향약은 '一鄕의 約束'을 줄인 말로, 중국 송나라 때인 1076년 呂大忠·大防·大鈞·大臨 네 형제에 의해 陝西省 藍田縣에서 시행했다고 한다. 『小學』에도 간략히 소개된 그 향약은 德業相勸·過失相規·禮俗相交·患難相恤의 4강령으로 되어 있으며, 이를 '藍田呂氏鄕約' 또는 줄여서 '여씨향약'이라고 한다. 이것을 주희가 남송 사회의 현실을 참고하여 '朱子增損呂氏鄕約'으로 만들고 '月旦集會讀約之禮'를 덧붙였다. 이것 역시 그대로 '여씨향약' 또는 '주자향약'이라 부르기도 했다. 『朱子大全』과 『소학』에 실려 주자학의 수용과 함께 우리나라에 소개된 향약은 일찍부터 사족들 사이에 행해졌다. 따라서 호경리 원동계가 주희와 여대림의 영정을 모셔 제사를 지내기 위해 닦아오던 것이라는 설은 향약을 만들고 보급한 두 인물을 깊이 존경하여 예식을 행하였다는 사실을 보여주는 부분이다.

10) 李太王 : 구한말 純宗 재위 시에 太上王인 高宗을 이르던 말이다.

액한 곳은 문생의 독서실이니, 벗을 기다려 덕을 성취한다는 뜻이다. 편액 글자는 모두 주부자(朱夫子)[11]의 유묵(遺墨)이니, 집자(集字)해서 사용한 것이다. 강학소의 왼편에 별도로 지은 각(閣)은 곧 주부자의 영당(影堂)이다.

이곡은 구곡 가운데 가장 트인 곳이므로 이러한 볼만한 모습과 사물을 얻었다.

4) 제삼곡(第三曲)

제삼곡은 학서암(鶴棲巖)이다. 호수의 형세가 잠시 평탄한 흐름을 나타내어 백 명이 앉을 만한 반석과 만 섬 물길이 회류하는 맑은 연못은 평이한 흐름 속에서 기이한 볼거리를 얻을 수 있다.

5) 제사곡(第四曲)

제사곡은 서암(瑞巖)이다. 산세는 점점 높아지고 바위 빛깔은 더욱 하얀데, 새로 지은 칠성암(七星庵)에 티끌 하나 머물지 않는다. 지반은 제이곡에 버금하여 조금 트였으며 호수의 물결은 바위 형세를 좇아 아래로 달려가니, 비록 눈처럼 뿜어지고 우레같이 울리는 장관은 아니지만 맑고 깨끗하여 들을 만하다. 이른바 '쳉이쏘', '구시쏘'는 그 형상을 형용한 것이다. 암문 밖의 시원한 정자 그늘은 패송(唄誦)이 곁들여져 한적하니, 등림하여 이곳에 오르면 '티끌세상이여 어디에 있는가'라는 느낌이 나의 꿈을 무르익게 한다. '칠성'으로 초막 이름을 지은 것은 일곱 명의 뜻이 있는 사람들이 함께 지었기 때문이다.

---

11) 朱夫子 : 주희를 높여 일컬은 말이다.

6) 제오곡(第五曲)

제오곡은 유선대(遊仙臺)이다. 칠성암에서 다리를 쉰 후 호수 수면에 나란히 놓인 징검다리를 밟고 남쪽으로 건너면 유선대의 입구이다. 지팡이를 들어 동쪽으로 가르키면 호숫빛과 바위색이 서로 비춰어 동천(洞天)이 티없이 밝으니 과연 신선이 사는 곳이다. 산이름은 '병암(屛巖)'이니, 천길 높이로 깎아지른 듯한 모습이 한번 우러러보면 그림으로 바뀌어 층층이 드러나 있는 기암이 황홀히 병풍에 먹으로 수를 놓은 것처럼 펼쳐진다. 형상으로 비유하자면 병풍이라 이름하지 않기가 어렵다.

묻건대 선대(仙臺)는 어느 곳인가? 높이는 세 길 남짓하고 넓이는 백 개의 바둑판을 수용할 만한 우뚝 솟은 바위가 호수 중심을 점(點)으로 자리하여 동쪽 조금 치우친 곳에 올연하여 상하의 여러 바위 중에서 더불어 어깨를 나란히 하는 것이 하나도 없으니, 이것이 이른바 '유선대'이다. 유선대의 남쪽 '약을 찧는 돌절구[搗藥石臼]'는 신선 향기가 어제의 일인 듯하다. 직립형이므로 발을 붙일 곳이 전혀 없기 때문에 사다리를 설치하여 오르내리니, 담담한 구름과 상서로운 연무는 신선이 떠나간 후 얼마의 세월이 흘렀는가?

전체 호수 수면을 희게 단장한 것은 석반(石盤)으로 등급을 지어 층을 이루고 있으니, 맑고 차가운 급류의 여울은 마음 속 깊은 회포를 절로 상쾌하게 한다. 바둑판처럼 정열되어 있는 집만한 크기의 바위들은 그늘을 따라 앉거나 누우면 하루 종일 불볕에 햇빛을 접하지 않으며 온 하늘 가득한 비바람에 옷을 적실 염려를 하지 않을 것들이 그 수를 헤아리기 어려운데, 선대를 제외하고 품명(品名)을 지닌 것이 하나도 없다. 예전에 남원 수령 이동한(李東漢)·백정기(白定基) 등이 서로 이어 이곳에 임하였는데 기쁘기도 하고 놀랍기도 하여 안내한 면장 한규하(韓圭夏)에게 말하길, "이와 같은 호수와 산을 어찌 진작 나에게 보고하지 않았소? 저처럼 진기한 물품이 명칭이 없는 것은 안타까운 일이로다."라고 했다. 한규하가 웃으며 대답하길, "속세 관리의 심신이 선계에 치달리면 민정에 이롭지 않을 것이요, 또한 신선 세계의 물품은 속인이 이름 지을 수 있는 것이 아니기 때문입니다."라고 했다. 서로 함께 문답하고 껄껄 웃었으니, 저들은 모두 금강산에 노닐었던 자들인데 오히려 빼어난 풍경을 감탄하고 칭찬하기를 그치지 못했다.

병암에 개미처럼 붙어 정상에 도달하면 위태로워 다리가 벌벌 떨리는 곳에 석구지(石臼址)라고 일컫는 작은 형국이 열려 있으니, 예전에 장군 조산서(趙山西)[12]가 은거한 곳이다. 산서는 임진왜란 때의 위인인데, 무예에 능숙하고 문장에 박식했으며 빼어난 완력과 겨룰 상대가 없는 궁술은 사람과 귀신이 감복한 바였다. 이곳에 은거할 당년(當年)에 마실 물을 멀리 대양치(大陽峙) 넘어 구천(臼泉)에서 맑고 시원한 물을 취했으니, 발에 나막신을 신고 손에 동이를 쥐고서 한

---

12) 趙山西 : 산서는 호이며, 이름은 慶男(1570~1641)이다. 조선 중기의 무인이자 의병장으로, 본관은 漢陽, 자는 善述, 호는 山西病翁·산서처사·晝夢堂主人 등이다. 전북 남원 출생이다. 아버지는 사직을 지낸 趙璧이며, 어머니는 南原梁氏이다.
　　일찍 부모를 여의고 외조모의 손에 양육됐으나 기상은 활달했다. 1579년 10세에 柳仁沃의 문하에 나아가 수학했다. 13세에는 난리를 예견하여 일기를 쓰기 시작했다. 18세 때 趙憲의 문하에서 배웠다. 임진왜란과 정유재란에는 군문에 들어가려 했으나 뜻을 이루지 못했으며, 1598년 29세에 전라도병마절도사 李光岳의 막하에서 명나라 군대와 합세하여 금산·함양 등지에서 왜군을 무찔렀다. 1608년 39세에는 鄕試의 兩場에, 1614년(광해군 6) 45세에는 三場에 합격했다. 그러나 광해군의 어지러운 정치를 비난하고 벼슬길에 나가지 않았다. 인조반정 후 1623년 54세에 겨우 진사에 등과했으나 세상과 인연을 끊고 方丈山 龍湫洞에 별장을 짓고 산서병옹이라 자처하며 세상에 나오지 않았다.

걸음으로 치달아 길어다 썼다. 나무 활과 가죽나무 화살로써 멀리 숙
성령(宿星嶺)의 침범한 적을 겨누어 명중하니, 활시위에 응하여 거꾸
러지지 않은 자가 아무도 없었던 일은 야사(野史)에서 증명하여 역력
하다. 유지(遺址)에 임하여 굽어보고 우러러보니, 아름답구나! 산은
높고 물은 깊이여. 그 분의 풍채를 여기에 의지해 헤아려보매 시대가
달라 만나지 못하는 감회를 한번 느껴보리라.

7) 제육곡(第六曲)

제육곡은 지주대(砥柱臺)이다. 선대를 아쉬운 마음으로 이별하고
계속 걸어 동쪽에 오르면 길이 치솟아 절벽을 기어오르기 때문에 도
끼로 깎아내어 발을 놓은 것이 수십 점이었다. 문득 남쪽을 보니 나
무 뿌리를 깨뜨리며 치달아 내려가는 골짜기 물이 호수 물결과 합쳐
져 부딪히는 지점에 둥근 해가 지는 산이 서 있는 말의 형상으로 머
리를 들고 서쪽을 우러르며 우뚝하니, 이것이 이른바 '지주대'이다.
두 갈래 물이 부딪히며 깎아내는 것을 참아내며 만여 년의 세월에 비
늘 하나도 손실되지 않고 고색 창연한 빛을 천연 그대로 굳게 보존하
고 있으니, 옛 성인이 찬탄한 바 "큰 홍수가 하늘에까지 닿았는데 지
주(砥柱)가 꿈쩍하지 않는다"[13]라고 말한 것이 바로 이것이다. 군자
가 그것으로써 입각(立脚)의 표준으로 기약해야 하리라.

---

13) "큰 홍수가 …… 꿈쩍하지 않는다": 『莊子』「逍遙遊」에, "큰 홍수가 하늘에 닿을
  지경이 돼도 빠지는 일이 없으며, 큰 가뭄으로 금속과 암석이 녹아 내려 대지나 산
  자락이 타도 뜨거운 줄 모른다.[大浸稽天而不溺 大旱金石流 土山焦而不熱]"라는 구
  절이 있다. 장자의 내용과 여기서 인용한 말이 정확하게 일치하지 않는데, 현재까지
  조사한 결과에 따른다면 다른 출처를 찾을 수 없다.

8) 제칠곡(第七曲)

제칠곡은 비폭동(飛瀑洞)이다. 지주대로부터 거슬러 올라갈수록 한 삼태기의 흙도 허락지 않는 개골(皆骨)의 산세는 금강산의 진면목을 몽상하지 않을 수 없는 별유천지이다. 둘러싸고 있는 것이 모두 절벽이기 때문에, 골짜기 형태가 깊어 하늘을 우러러보매 단지 한 닢 동전 같은 푸른 하늘이 보이고 상쾌한 기운이 사람에게 엄습해오는 중간이 두 갈래로 나뉘는 은빛 물결이 수직으로 천척(千尺)을 떨어져 흩날리며 부서지니 '은하수가 구만 리 장천에서 떨어지는 것인가.'[14]라는 시구로 이백(李白)이 묘사해낼 수 있었던 것이라고 인정하리라.

9) 제팔곡(第八曲)

제팔곡은 경천벽(擎天壁)이다. 비폭동으로부터 문득 호수를 따라 거슬러 올라 동쪽으로 나아가던 발걸음을 바꾸어 남쪽으로 꺾어 호수를 쫓아가면 실낱같은 오솔길이 이끌던 매로(媒路)의 희미한 선이 여기에서 멈춰 길이 다했다고 고하였다. 이에 신과 갓을 벗고 맨발 맨머리로 물결을 밟으며 험로를 건너 일구(一口)의 석문(石門)을 뚫고 들어가면 문득 두 갈래 길의 석벽이 부딪히면 부서뜨릴 것처럼 위협의 기세로 먼 허공에 닿아 우러러 보매 동천(洞天)의 폭이 새 한 마리 지나갈 정도도 오히려 넓지 않은 것을 만나니, 명명한 글자의 뜻대로 이것이 이른바 '하늘을 떠받치고 있는 석벽[擎天壁]'이다. 두려워 머

---

14) '은하수가 …… 떨어지는 것인가.' : 李白의 「望廬山瀑布」에서 인용한 구절이다. 전문은 다음과 같다. '햇빛 비치는 향로봉에 자줏빛 안개 일어나는데, 긴 강을 매단 듯한 폭포 멀리 보이네. 날듯이 수직으로 삼천 척을 떨어지니, 은하수가 구 만리 장천에서 떨어지는 것인가.[日照香爐生紫煙 遙看瀑布掛長川 飛流直下三千尺 疑是銀河落九天]'

물 수 없을 듯했다. 이로부터 곧장 제구곡(第九曲)에 이르고자 하면 거꾸로 선 석벽에 발을 걸고 어지러운 물결에 머리를 감지 아니하고는 붙잡고 오를 방법이 없으니, 만일 용감히 나아가고 돌아보지 않아 목숨 건 자가 아니거든 지팡이를 돌리는 편이 십분 옳을 것이다.

10) 제구곡(第九曲)

제구곡은 교룡담(交龍潭)이다. 두 갈래 길의 구름 덮인 산이 부딪히면 부서뜨릴 듯하더니 한 줄기 강물이 희롱하는 듯 다시 열렸다. 위 폭포는 백 길을 드리우고 아래 폭포는 백 길을 드날리어 맹렬한 파도가 비워를 찧으니, 바위는 절구가 되지 않을 수 없다. 위아래의 돌절구가 모두 만 섬을 수용할 만큼 그 깊이를 헤아릴 수 없다. 두 절구를 중간에서 받들어 한 줄기의 석룡(石龍)이 구부려 누워 머리를 든 채 물결 소리를 들으니, 이것이 곧 유명한 '용화굴(龍化窟)'이다. 대낮에 우레가 크게 울리고 푸른 하늘에 비가 횡행하여 그림으로도 그려내기 어렵고 임하면 두려워 할 만하니, 과연 신물(神物)이 간직된 곳이다. 이에 구곡의 승경이 한 곡이 지날 때마다 더욱 빼어나 가장 위의 곡이 마땅히 가장 빼어난 곡이라는 사실을 알겠다.

다음과 같이 평하노라. "용호의 승경, 용호의 승경이라고 하지만 그 속에 여러 빼어난 곳이 있다는 것을 누가 알겠는가. 어느 누가 삼신산(三神山) 중에서 어느 산이 가장 좋으냐고 묻는다면 나는 구룡(九龍)이 제일 승경이라고 대답할 뿐이다.

경진년(1940) 가을 어느 날, 용호구곡을 탐방한 나그네 적다.

龍湖
九曲　景勝彙內

龍湖九曲景勝業內

方丈은 三神의 一이오 龍湖는 方丈의 屬一勝界라

世人의 山水에 癖된 者 만히 金剛에 飛履ㅎ나니 金

剛은 果子世界의 名勝이라 粤昔 交通이 未開흔 荒

代부터 其名이 已高흔바 唐朝 詩豪 李勣은 願生高

麗國 一見金剛山이라흔 恨 詩를 賦ㅎ엿고 山興雲

俱白ㅎ니 雲山不辨容이라 雲歸山獨흐니 一萬

二千峯이라흔 尤庵先生의 活畫帖과 覆草覆杖竹

許穆

杖을로 登東皋(고)하야 望東海하니 東海之東은 無東이라
호눈眉雙先生의 達觀詩、諸名軺(추)에 鑑(감)이 一可憑(빙)할지라
호다 今日은 交通의 便이 餘地를 許치안코 探(탐)勝의
熱(열)이 高頂(정)에 達한 世紀이라 春花秋楓에 金剛一幅
이 人海中浮沉의 畵가되엿도다 이처럼 探勝의 熱
이 高함을 伴(반)하야 昨日金剛에 心醉한者 今朝龍湖
이 步臨(림)호바 早知有此(차)인들 何曾遠勞(로)外의 歎(탄)이 不
謀同辭(사)호야 每春秋에 策者稜者 挽(만)前推(추)後호리 指(지)

喻口讚을사 比句 九曲의 神秘를 歷探코저호니 果然 龍湖의 勝이 金剛과 엿더호가

第一曲曰 松瀝洞이니 洞口의 村名이 先호 湖의 景을 紹介호로사 湖景里마을부터 水聲을 踏호사 東으로 數武를 行호면 南開一谷이 細流를 送호사 龍湖與合波을 바라望호며 松林이 束立호己 谷口에 人功으로 大小의 石을 上下호사 築垌함이 有호느니 古諺을 憑호면 湖景人士 堪輿의 說에 依호사 乙辰

水沖崖防함이요 松林簇坮를 越호야 數步를 轉호

一丈高의 岩顚에 淸流가 玉垂호니 此所謂松

林藥泉이라 春夏의 交에 頭를 洗호고 身을 滌호者

粉黛凉巾이 路를 爭호야 雲集호니 松瀝의 洞名이

此로 由함이요 淸流를 溯호야 南進一里호면 一圓

廢址에 敗塔殘瓦가 往史를 證호니 松林寺의 遺

墟이라 寺는 麗代의 古刹인디 一時는 자못 富盛호

엇도바 龍湖名勝을 鄰호얏스로 騷人風客의 登臨

씨甚繁ᄒᆞᆫ지라 衲子輩 苦를 喫ᄒᆞ더니 彼의 不禮를

嘲ᄒᆞᆫ 一地師卜容을 防ᄒᆞᆯ 妙道理 有ᄒᆞᆷ을 ᄭᅢ닷고

南의 石堆를 斧破ᄒᆞ야 써 寺가 亡ᄒᆞᆫ을 ᄭᅢ 다 言傳ᄒᆞ됫다

今荒墟를 登覽ᄒᆞᆷ 但只 山深然後의 趣

目의 翠微勝을 別無ᄒᆞ도다

第二曲曰 玉女峯이니 松溜洞부터 湖를 瀾ᄒᆞ小東

轉ᄒᆞᆯ제 端雅一峯이니 龍湖勝境을 求ᄒᆞ거든 我를차

저間ᄒᆞ라ᄂᆞᆫ 樣으로 人의 眼線을 慈ᄒᆞᄂᆞ니 水ᄂᆞᆫ石

鬪ᄒᆞᄂᆞᆫ이 層落ᄒᆞ니 瀑湃 안ᄯᅥᆯᄂᆞᆫ지라 一尺高

二尺高 溯ᄒᆞ야셔 漸高ᄒᆞ이 玉龍湫 倒瀑ᄉᆡ至ᄒᆞᆫ

壯觀ᄒᆞᆯ 呈ᄒᆞ엿고 石ᄋᆞᆫ 玉壺 妒ᄒᆞ이 眞白ᄒᆞ야슬

渠의 物相ᄒᆞᆯ 常ᄒᆞᆷᄋᆡ 可掬ᄒᆞ이라 卧者ᄂᆞᆫ 魚性이오

者ᄂᆞᆫ 獸型이 卧 觀ᄒᆞ야셔 益奇ᄒᆞ이 鼓岩ᄋᆡ 盎石

ᄉᆡ至ᄒᆞ이 盡界ᄅᆞᆯ 關ᄒᆞ엿도다 水性ᄋᆞᆫ 流ᄒᆞ者라 不

得不下ᄒᆞᄂᆡᄉᆡ 石勢ᄂᆞᆫ 爲誰ᄂᆞᆫ지 逆上ᄉᆡᄂᆡ者 一

無ᄒᆞ도다 一湖ᄅᆞᆯ 卧吸ᄒᆞᄉᆡ 東首西尾ᄒᆞᆫ 腮鬣이

이 如動之者名曰鯉岩이오 鯉吸의 漱之名曰佛影
이니 佛의 影臨益爲此이라 鯉岩益背之已北麓益
仰하며 岩壁石籠이高可一丈廣可十人坐의天作
龕에 一軀의石像益安호엿느니 此所謂佛神堂이
라 古代松林寺의遺物인되 登臨客의香檮之者多
호더니 不意去甲戌夏에雲岳菴僧의竊負之此到
여 湖景人士躁益追之아責還호니 可惜호다 盜僧
의 不謹으로頭面이未得全帰之다 龕壁面南無阿

彌陁佛의 新刻紅은 盧洙鉉의 試墨이오 佛壁의 東

에 龍湖石門의 四大字는 李三晩의 古筆이오 石門

의 西川方丈茅一洞天의 新刻字는 金斗秀의 八歲

書니 孺子의 墨이 苗翠가 可愛ᄒ다 峯回路轉에 却

見六稜新亭山 玉龍湫의 飛瀑을 臨ᄒ야 標緻ᄒ니

二岬의 勝觀이 此川止ᄒᄆ 極ᄒ도다 十丈高이 直

立波가 金을 倒ᄒᄆ 雷落ᄒᄂ 人語雜分處에니라

權三德의 習歌地오 鼓岩 西東盤開之石은 廣可容

千人坐卧今古人士名姓의字ㄴ鼓岩全幅이比閒

비無ㄹ도나亭ㄴ是元洞稧員의築ㄹ者ㄴ되契ㄴ

三百年前先長老부터朱呂兩先生을此地에影祀수

主기爲ㄹ사修來을ㄴ鄕約稧인卟李太王茂辰에

朝令으로撤院(철)한後兩先生의影幀(정)을南養齋에移

奉되ㄹ院址(지)ㄴ轉賣屢換(루환)其主ㄴ사今日金嶺松處

士의講舍되者幸此文地卟本葦ㄹ失지난엿도다

講堂의木澗으로扁(편)ㄴ者ㄴ處士의執鞭室(집편)이니木

食而澗飮의 벗이오 須成으로 扁흔者는 門生의 讀

書室이니 須友以成德의 벗이라 扁字는 皆朱夫子・

의 遺墨이니 集字ㅎ야 用ㅎ는者오 講金左의 別建閣

은 乃朱夫子의 影堂이라 二曲은 九曲中最開處을

시 此等可觀의 容物을 得ㅎ엿도다

第三曲曰鶴撫岩이니 湖勢暫呈平流를야 百人可

坐의 一磊石과 萬斛漱洄의 一睛淵은 平流州得此

奇觀이로다

茅四申曰 瑞岩이니 山勢는 漸高하고 石色은 盆白
하되 七星新庵에 一塵이 不接하니 地盡은 茅二申
음次음아 稍潤하야 湖流는 石勢를 逐하야 馳下하
니 비록 雪噴雷鳴의 壯觀은아니나 洒落하야 可聽
이外 所謂 礼이 싸、子시싸는 其의 形을 形한者 노庵
門外의 凉樹陰은 唄誦을 帯하야 開寂하니 登臨
此에 塵世子 何處의 感이 我의 夢을 酣하도다 七星
으로 名庵 함은 七人有志의 共策이니 바이러라

第五曲曰遊仙帖이니 七星庵이 休脚立後湖面이

排缸이 蹑立야 南渡면 即遊仙帖이 入口이

을擧야 東指면 湖光與石色이 相透야 洞天

이 廬明니 果是仙境이 山舍曰屏岩이 削

立千仞이 一仰幻盡야 層開奇岩이 悦守屏面이

繡墨을輸니 形以喻之屏이 不吾引難을도

다借問仙培何處是오 高篠三丈이 廣容百碁枰

의斗起石이 湖心을點야 東少偏이 兀然上

下群岩이 與之肩者 一無ᄒ니 此所謂遊仙坮요 坮
之南搖藥石臼之仙香이 如昨ᄒ야 直立型이 巴足
은 緣望處 全無일씨 梯를 設ᄒ야 昇除ᄒ니 澹雲瑞이
霧은 仙去後 幾春秋오 全湖面에 白粉을者 石盂인
以級을 作ᄒ야 層低ᄒ니 清冽き 急流端을 襟期가
自快ᄒ야 碁列兒屋 大의石々호 陰을 隨ᄒ야 坐臥
主써 竟旦 斐陽에 日光을接지안고 滿天風雨에 衣
沾言 慮치아니 坮者其數難算일더 仙坮를 除ᄒ外

品名을帶한者는一無호되昔者에南原倅李東
漢이定基等에相繼호야臨此호마喜且驚호야
案內面長韓圭夏더러曰如此湖山을何不早報我
오如彼珍奇의品이命名이無稱함은可恨의事이
로다韓笑而答曰俗官의心神이仙界에馳懸되면
民政에不利할것이오且夫仙物을俗子의可名할
바안일새라相與問答하니彼皆金剛에曾遊
者라猶勝을歡賞하나바지아니호엿다라屛岩

에 蟻付ᄒᆞ야 上頂에 達ᄒᆞ오면 危子 其 股 戰의 地에

石回址云 小開局이 有ᄒᆞ니 古 趙將軍 山西의 插

碧慮이 卧山西ᄂ 龍蛇亂代의 偉人인디 武에 閒ᄒ

之 文에 博ᄒ고 絶倫의 膂力과 莫苹의 弓術ᄂ 人神

의 服ᄒᆞ니 卧捶 此 當年에 飮料의 水를 遴 大陽

峙越回泉의 淸甘을 取ᄒᆞ더니 足蹟 侵ᄒᆞ 手握盆

를 一步汲用ᄒᆞ였스며 木弓樗矢로 遠指宿星嶺

의 犯敵이 命中ᄒᆞ디 弦을 應ᄒᆞ야 倒치 안일 者 一無

함은 野史에 證ᄒᆞᄂᆡ 歷〻ᄒᆞ다 遺址에 臨ᄒᆞᄂᆡ 俯仰
ᄒᆞ니 美哉라 山高水長이여 其의 風采를 憑挹ᄒᆞ되
曠感은 一喫ᄒᆞ리로다
第六曲曰 砥柱峀이니 仙峀는 情別ᄒᆞᆯ 步〻東上
ᄒᆞ야 路灰緣磻열에 斧鑿ᄒᆞ야 受足ᄒᆞᆫ者 凡十數点
에ᄊᆞ 却見南馳下의 破根谷水가 湖流與合冲地點
에 一丸落山이 立馬의 型으로 擧首西仰屹然ᄒᆞ니
此所謂 砥柱培塿 兩水의 冲嗌을 耐ᄒᆞ萬多年에 一

鱗은 損치안코 蒼然古色은 天然確保ㅎ느니 古聖의 賛歎ㄹ바 大浸이 禧天을되 砥柱가不撓云者此이라 君子以ㅎ아立脚을期望處이로다

第七曰飛瀑洞이니 砥坦부터湖上望ㅎ기 一蕢土를許치안는 皆骨山勢는 金剛真面을夢想이니 할ㅅ별有天이라 環境이皆壁也라洞容이奧如ㅎ아仰天이只見一錢青이오 爽氣가襲人은中 雙條銀波가直垂千尺飛碎ㅎ니 疑是銀河落九天

李白이 渠曾能寫者라 許ᄒᆞ더ᄒᆞ다

第八曲曰擎天壁이니 飛湍洞브터 忽只沿湖湖上의 東進步調ᄅᆞᆫ 變ᄒᆞ야 南折逐湖ᄒᆞ야 緣引ᄒᆞᄃᆞ 媒路의 微線이 此에 止ᄒᆞ야 窮崖告ᄒᆞ엿ᄂᆞ다 於是于 從ᄅᆞᆯ 脫ᄒᆞ고 冠을 免ᄒᆞ며 赤脚露頂ᄋᆞ로 波ᄅᆞᆯ 踏ᄒᆞ야 已險巷頭ᄅᆞᆯ 小一口石門을 穿入ᄒᆞᆫ대 却得二路石壁이 觸將碎의 刧勢로 迥空迫臨ᄒᆞ야 仰見洞天의 幅이 一鳥容過之道가 猶未寬ᄒᆞᄂᆞ니 命名ᄋᆞ의 字義

可로 此所謂擎天壁이라 環崇乎其不可留矣로다 自

此而直欲達乎茅九㙫則倒壁에 掛足호고 亂波에

沐髮히以니호고 攀登할 道理萬無호니 萬一勇

往不顧호야 命을 賭히야 見者어도 還卸할이 十分

可호도다

茅九㙫曰交龍潭이니 二路雲山이 觸水碎더니 一

江流水美還向還 上㳽올 臥百丈호고 下㳟올 飛호

丈이라 以猛波水春石호니 石不乃不回호도다 上下石

回皆容萬斛而其深無尽이오而臼흔間承호니一

條의石龍이俯卧峯頭聽波호니此即有名흔龍化

窟이오环白日而雷殷鳴호乙晴天而雨横勝호以畵

而拈像이오映而可畏호니果是神物所藏일外

乃知九曲의勝이一曲이勝扵一曲이오最上일曲

이宜為最勝이曲이로다

評曰龍湖勝龍湖勝호니誰知裏面이如許勝가

有問三神이誰最냐거든我答九龍이第一勝云

甬卧　庚辰穀日探湘客書

湖雲書室記

湖累之篤里佳于武夷九曲之茅一曲一節明川麼奇石而来鏡村顏者即憑聽紫陽当年棹歌之餘波世地既有此歷史之美云人習于詩社久以文學名焉誰認泡沫風燈世可憐之句使我賦お今日嘆至島夷之侍我虐云辜我悼者嗟忍言裁鞭禁書聲四十年私教之滅視之祕私劫者亂倫之燁期欲

我一日로云禽獸之以若文獻之臣亦難保乎我天興이라

金于廂爲田廬者ㅣ久矣而里之人士ㅣ非不欲夜時開

堂荼魄之餘摔鞋營築且以未得卜築其地로相顧摧

議ㅎ야曰遠多矣湖雲盧君後源有ㅣ現衆設之不齋慨

乭獨辦其籌乃卜九申下流抹動沛之岩阻之浚洄

慶運君以塡淵開에二間之室昭丈昨日無底之沼

了朝盧址之增中結構世精古穴而迎龍潮雙淸西

爲之絶龜石積髻間西南而穿壁牖之俯仰遠處焉

躍魚眞洗心講学之塵外直也多士之來臨愛炗水

右宣人爭相錫嘉之曰得月亨曰枕流垢去一皆謝

而外之乃素自家方寸而曰湖雲書室云者共議可

名于斯時也余遠尸本里啓蒙之位矣能得起居之

安閒去乃君之賜也一笑及余曰不欲揭楯一言以

為諸子勸耶余興感之曰不亦多乎昔孟夫子恨

異言之害吾道而曰能言距楊墨者聖人之徒也斯

文幾墜之今而築室勸学去君果共人也蘇東坡

嘆書契寶非珠玉金石之比云曰孔子聖學必自設

書說云去此可為个口諸子勖也嗟实目今秦雖殷

而挾書之律尚未除音弘以臨卷云慨然不已者

也勗哉諸君於是主人與誦臨翁九旬之詩云侖童

子舞之於而見仍因地慕聖之為勸學一道也能不

使余傾肚紅云染筆哉岂戊子之重陽日金思浚

謹記

호경마을의 꿍동체 신앙

한정훈

1. 들어가기

호경마을은 전라북도 남원시 주천면 호경리의 자연마을이다. 호경리는 본래 하원천면의 지역인데, 1914년 일제의 행정구역 통폐합에 따라 내촌리와 호정리의 각 일부가 병합하여 구성된 행정마을이다. 호경마을은 호경리의 으뜸 자연마을이다.[1] 호경마을은 지리산 정령치(鄭嶺峙)와 만복대(萬福臺)를 동쪽으로 하고 영제봉(靈帝峯)을 남쪽으로 하며, 지리산 구룡계곡 주변에 자리 잡고 있다.

호경마을은 남원시에서 동쪽으로 8km 떨어진 곳에 있으며, 주천면의 동쪽에 위치해 있다. 호경마을은 동쪽으로 덕치리, 주촌리, 서쪽으로 장안리, 남쪽으로 용궁리, 북쪽으로 은송리, 효기리와 접해 있다. 마을은 해발 250m의 중산간지대에 위치해 있다. 일반적으로 해발고도 100m 이하를 평야지라 하고, 100~200m를 저산성 구릉지, 200~500m를 중산간지대, 500m 이상을 고산성 산지로 구분한다.[2]

---

1) 한글학회, 『한국지명총람11-전북편 상』, 1981, 282쪽.
2) 전광희, 「한국의 산촌과 농촌-주민의 생활상태와 지역의 특성구조」, 『사회과학연

한국에서 산을 배경으로 100m 이상의 고도에 형성된 마을을 산촌(山村)이라 하는데, 호경마을은 중산간지대에 위치한 전형적인 산촌이라 할 수 있다.

호경마을은 1680년(숙종 6) 경주 정씨가 입향해서 터를 잡고 살면서 성촌되었다. 경주 정씨들이 16세기 말에서 17세기에 이르는 내우외환의 사회적 혼란으로 말미암아 피난보신(避難保身)의 장소로 지리산을 선택하였고, 그 중에 호경마을에 입향하여 정착하지 않았나 추정된다. 특히 호경마을을 포함한 호경리는 이상적인 풍수적 입지와 아름다운 산수를 갖추고 있어서 마을이 들어서기에 적합하였다. 경주 정씨 이후에 여안 김씨와 풍천 노씨, 밀양 박씨 등이 들어와 현재의 마을이 형성되었다.3)

과거 호경마을에는 상당수의 인구가 거주했다. 하지만 근대화와 산업화, 도시화 과정에서 한국의 모든 농촌이 공통으로 겪었던 인구 유출 및 거주 인구의 노령화 현상을 호경마을 또한 경험하게 되었다. 현재 호경마을은 젊은 사람이 부재하고 노인들 위주로 주민이 구성되어 있다. 호경마을은 총 44가구로 구성되어 있으며, 남성 42명, 여성 41명 총 83명의 주민이 거주하고 있다. 대부분의 주민은 농업에 종사하고 있으며, 마을 주변에 위치한 논과 밭에서 논농사와 밭농사를 주로 행하고 있다.

호경마을은 크게 두 가지 특징을 지니고 있다. 하나는 호경마을이 지리산을 배경으로 하는 전형적인 산촌이라는 것이다. 다른 하나는

구』제1집, 충남대학교 사회과학연구소, 1990, 31쪽.
3) 지리산권문화연구단, 『향약과 선비문화의 고장, 호경마을—중간보고서』, 순천대학교 지리산권문화연구단, 2013, 79쪽(미발간).

호경마을의 인적 구성이 다양한 성씨로 이루어졌다는 것이다. 전자는 자연환경에 따른 호경마을의 특징이라고 한다면, 후자는 인문적 환경을 형성하는 호경마을의 특징이라 하겠다. 산촌과 이성촌(異姓村)의 특징을 지닌 호경마을이 다른 마을과 비교해서 외면적으로 큰 변별적 특징을 지니고 있는 것은 아니다. 하지만 호경마을이 지리산을 배경으로 17세기 중·후반에 성촌되었다고 한다면 그 의미는 달라진다. 또한 호경마을은 다양한 성씨로 구성된 이성촌이다. 반촌(班村)의 성격을 띤 동성촌과 달리 이성촌은 양인촌(良人村)의 성격을 강하게 지닌다. 하지만 호경마을을 토대로 산출된 다양한 문화들, 즉 원천동약, 용호서원, 풍천 노씨의 재각 등에서는 이성촌이지만 반촌의 성격을 강하게 보이고 있다. 호경마을이 외면적으로 산촌이면서 이성촌이지만, 그 내적 특질에 있어서는 일반의 산촌과 이성촌이 지닌 모습과 다른 양상을 띤다. 이러한 호경마을의 특성을 정확하게 이해하기 위해서는 마을의 배경이 되는 지리산의 공간적 특성과 함께 마을이 성촌된 시기와 맞물린 조선사회의 모습을 우선적으로 파악해야 한다.

지리산은 과거부터 한국 사람들의 복합적 인식이 투영된 공간이었다. 조선 중기의 학자 송광연(宋光淵)은 "지리산은 우리나라의 첫 번째 산일뿐만 아니라 천하의 아무리 큰 산일지라도 이 산과 대등할 만한 산은 없을 것이다. 만약 공자께서 이 산에 오르셨다면 천하가 크게 보이지 않았을 것이다."[4]라고 하여, 이 세상에서는 지리산과 비교될 만한 산이 없다고 자부하였다.[5] 송광연의 언술은 조선시대 사

---

4) 『泛虛亭集』, 「頭流山錄」.
5) 강정화, 「지리산권 지식인의 문학」, 『남도문화연구』제13집, 남도문화연구소,

대부 계층이 지리산을 어떻게 인식하고 있는지를 단편적으로 보여주고 있다. 조선시대 사대부들이 지리산을 찾아서 남긴 유람기에는 이들의 의식이 몇 가지 특징을 띠며 뚜렷이 나타난다. 사대부들이 지리산을 찾는 목적은 크게 두 가지로 압축할 수 있는데, 하나는 명산 속의 유적을 통해 사대부 지식인으로서 사의식(士意識)을 고양하고자 하였으며, 다른 하나는 지리산이라는 공간을 신선세계로 관념화해서 그들이 지닌 이상향을 풀어내고자 하였다.6) 조선시대 사대부에 의해서 이러한 인식이 형성될 수 있었던 가장 큰 이유는 지리산이 정치, 경제, 문화의 중심부와 물리적으로 멀리 떨어져 있으면서, 다른 산과 비교해서 웅장한 면모를 갖추고 있기 때문이었다.

중심부와 멀리 떨어진 지리산은 실제로 조선시대 사회적 변혁기에 많은 사람들의 피난처로 이용되었다. 지리산과 그 주변 지역은 16세기 말 임진왜란과 17세기 중반의 병자호란을 거치면서 본격적으로 인구가 유입되기 시작했다. 이 과정에서 농민뿐만 아니라 사대부계층도 지리산과 그 주변 지역의 인구 유입에 동참하게 된다. 또한 18~19세기 삼남지방의 잦은 민란의 발생과 자연재해를 계기로 지리산 지역의 인구가 증가하였다. 지리산과 그 주변 지역의 인구는 기존의 거주자에 의한 자연적 증가보다는 사회적 변혁기에 맞춰 타 지역에서 이주한 사람들에 의해서 증가하였다.7)

정치, 경제, 문화의 중심부에서 멀리 떨어진 지리산은 주변화된 공간의 성격을 강하게 지니고 있다. 이러한 주변화된 공간은 중심부의

2007, 120쪽.

6) 강정화, 위의 논문, 121쪽 참조.

7) 범선규, 「지리적 관점에서 본 지리산권 문화」, 『남도문화연구』제14집, 남도문화연구소, 2008, 60쪽.

공간에서 사회적 혼란이 발생하면 비교적 안정된 공간으로 인식된다. 그래서 사회적 혼란에 따른 피해를 면하고자 하는 사람이나 정치세력의 충돌 과정에서 기득권에서 밀려난 사람들이 나름의 피난처로 주변화된 공간을 찾기도 한다. 물론 이러한 이유로 지리산과 그 주변 지역으로 정착한 모든 사람을 설명할 수 없다. 하지만 사회적 혼란기에 맞춰서 지리산으로 이주한 사람들은 지리산이 지닌 주변부적 특성과 견주어서 생각해 볼 여지는 충분히 있다.

호경마을의 성촌시기는 17세기 중반 이후이다. 더불어 이성(異姓)들이 시기의 차이를 두고 이주하여 정착하였다. 성촌시기와 더불어 이성으로 구성된 호경마을은 다분히 주변부적 특징에 기인한 결핍적 내용을 내재하고 있을 것으로 추정된다. 물론 현재로써 이러한 추정에 대한 명징한 답을 찾을 수는 없다. 하지만 그에 대한 간접적 흔적은 찾을 수 있다. 그게 다름 아닌 호경마을 사람들이 과거와 현재에 행한 공동체 신앙이라 할 수 있다.

전통적으로 공동체란 더불어 살아가는 사람들의 집단이다. 우리말로는 모듬살이라고 하는 것이 더 적절할 것이다. 마을사회처럼 일정한 공간에서 모듬살이를 이루어 살며, 더불어 거주하고 더불어 일하며 더불어 놀고 더불어 믿으며 더불어 소통하고 더불어 살아가는 사람살이의 집단이 바로 공동체이다.[8] 공동체는 개별주체들이 일정한 공간에 함께 모여서 나름의 공동의식을 형성하며 살아간다. 개별주체들의 내적 성질이 어떠하든 간에 공동체는 일차적으로 일정한 지역을 기반으로 하는 지연성(地緣性)을 기초로 한다.

---

8) 임재해, 「산촌마을 공동체의 약화 원인과 지속 요인」, 『산촌생활과 민속문화』, 민속원, 2011, 18쪽.

공동체 형성의 외적 조건이 지연성이라고 한다면, 내적 조건은 구성원의 관념적 통일성이다. 이러한 공동체 구성원의 관념적 통일성을 지향하는 것이 공동체 신앙이라 할 수 있다. 일반적으로 1~2개의 성(姓)을 중심으로 구성된 동성마을은 동일한 조상을 대상으로 제사의례를 행함으로써 공동체 의식을 배양한다. 즉 지연성을 기반으로 하여 혈연성을 강조한 의례를 통해서 공동체 의식을 형성한다. 반면 이성마을은 지연성만을 기초로 한 공동체 신앙을 통해서 구성원들의 관념적 통일을 지향한다. 이러한 공동체 신앙 중에서 대표적인 것이 당산제이다.

당산제의 명칭은 마을과 지역에 따라 다양하다. 마을에 따라 당산제, 성황제, 서낭제, 골맥이제, 산제, 도당제 등 다양한 명칭으로 불리고 있는데, 전라도 지역에서는 주로 당산제, 당제라 한다.[9] 주민들은 마을신을 대상으로 한 해 동안 사람들의 무탈과 건강, 농사의 풍년을 기원한다. 즉 공동체의 제액초복(除厄招福)을 목적으로 마을신을 대상으로 당산제가 행해진다. 당산제의 신은 지엽적인 기능이 통합된 총체화된 신격이 일반적이다. 마을 주민들은 당산제를 통해서 공동체에 잠재한 다양한 문제를 선제적이며 종합적으로 미리 예방하고, 나아가 공동체 구성원간의 화합을 도모하고자 한다.

호경마을은 당산제라는 이름의 마을제사가 존재하지 않는다. 즉 종합적인 기능을 지닌 총제화된 신격을 대상으로 행하는 공동체 신앙은 발견되지 않는다. 반면 특화되고 세분화된 기능성을 지향하는 공동체 신앙이 호경마을에서 행해졌다. 이 지점이 호경마을 공동체

---

9) 서해숙, 「공동체문화로서 마을신앙의 활용과 의미 구현」, 『남도민속연구』제18집, 남도민속학회, 2009, 143쪽.

신앙의 특이성이라 할 수 있다.

종교적 의례는 인간의 구체적 필요가 제기될 때 강화되는 양상을 보인다. 그래서 의례의 구체적인 내용을 살펴보면, 의례를 행하는 인간의 결핍을 간접적으로 읽을 수 있다. 공동체 신앙 또한 마찬가지다. 공동체가 추구하는 목적이 강하게 제기될 때, 공동체 신앙은 강화될 수밖에 없고, 그 목적이 영구적으로 해소된다면 공동체 신앙은 자연스럽게 소멸될 수밖에 없다.

호경마을이 종합적인 기능을 수행하는 마을신을 대상으로 공동체 신앙을 행한 것이 아니라 각각의 특화된 목적에 따라 의례가 분화되어 전승됐다는 것은 그 이면에 단일하고 보편적인 의례로 해결할 수 없는 공동체의 결핍이 강하게 존재함을 보여주는 것이다. 더불어 공동체의 구성원이 그 결핍을 해소하고자 하는 강한 의지가 있다는 것을 반증하고 있다.

호경마을의 공동체 신앙은 크게 세 가지로 분류할 수 있다. 하나는 마을 주민들의 내적 결속을 유도하는 공동체 신앙이다. 이 의례는 크게 두 방향의 목적 지향을 보인다. 하나는 동성(同姓) 간의 결속을 다지는 가족제사가 있으며, 다른 하나는 이성(異姓)집단 간의 공동체 의식을 배양하는 마을제사를 들 수 있다. 호경마을은 두 성격의 공동체 신앙이 상호보완적으로 운영되면서 주민들의 공동체 의식을 형성하는데 중요한 기능을 수행한다. 두 번째로 이상 기후현상으로 공동체의 위기가 도래했을 때, 그 위기를 타개하기 위해서 행해진 공동체 신앙이 있다. 호경마을은 산간에 위치해 있어서 과거부터 발전된 수리시설을 갖추고 있지 못했으며, 가뭄이 들면 농사를 지을 수 없어서 공동체에 심각한 위기가 발생했다. 이에 호경마을 사람들은 가뭄을 공동체 존속을 위협하는 급박한 위기로 인식하고 의례를 행하였다. 일명 기우제이다. 호경마을의 기우제는 하나의 의례로 통합되어 행해진 것이 아니라 다양한 계층이 다양한 형식을 동원하여 행해졌다. 다양한 계층이 참여해서 행한 다양한 형식의 기우제는 공동체의 내적 결속을 다지는 하나의 매개가 되었다. 세 번째는 호경마을의 풍수지리적 환경에 기인한 공동체 신앙이 있다. 이 의례는 조탑과 솟대를 대상으로 행해지는데, 과거에 정기적으로 행해지다가 현재는 비정기적으로 행하고 있다. 주민들은 호경마을을 둘러싼 자연환경에서 결핍을 읽어내고, 이 결핍을 의례를 통해서 보완함으로써 공동체의 유지와 발전을 기원하였다.

본 글은 과거부터 현재까지 호경마을에서 행해졌던 공동체 신앙을 대상으로 의미를 파악하고 기능을 분석하는 것을 목적으로 한다. 호경마을의 공동체 신앙을 공시적이며 통시적인 맥락을 함께 살펴봄으로써, 이 의례가 지닌 내재적 기능성을 파악하고자 한다. 더불어 공동체 신앙을 수행하는데 있어서 구성원들의 다양한 참여 양상을 살펴보고, 이러한 구성원들의 참여 속에서 공동체가 과거부터 지니고 있는 결핍적 요소를 어떻게 충족하고 해결해왔는지를 살펴보고자 한다.

2. 공동체 신앙의 전승과 의미

1) 마을 주민의 다층적 결속과 공존_가족제사와 애도리제사

현재 호경마을에는 총 44가구가 거주하고 있다. 그 중에서 풍천 노씨가 9가구로 가장 많이 거주하고 있으며, 다음으로 연안 김씨가

4가구로 뒤를 잇고 있다. 그 외에 진주 강씨, 경주 정씨 등 다양한 성씨가 마을에 거주하고 있다. 호경마을은 1~2개의 성씨가 중심으로 구성된 동성마을이 아닌, 여러 성씨가 함께 생활하고 있는 이성마을이다.

지리산 산촌은 사회 혼란기에 평야지대에서 집단적으로 이주한 사람들로 성촌된 경우가 많다. 17세기에 성촌된 호경마을도 이러한 사회적 혼란기에 맞춰 마을이 형성된 것과 무관하지 않다. 호경마을의 성촌 배경에서 발견된 특이성과 더불어 한두 개의 동성으로 구성되지 않고 다양한 성으로 구성된 마을의 특성상 공동체를 유지해 나가는데 각별한 노력이 필요했을 것이다.

사람이 공동체를 이루고 유지해 나가기 위해서는 그 구성원들의 내적 결속을 다지기 위한 매개가 필요하다. 공동의 기억을 형성할 수 있는 사건이라든가, 항시적으로 공동체를 위협하는 내외부의 상징적인 사건 등은 집단의 필요에 의해서 구성원들의 내적 결속을 다지는 중요한 매개가 될 수 있다. 그리고 이러한 매개를 의미화된 상징으로 표현하면서 공동체 구성원에게 인지시키는 행위가 의례라 할 수 있다. 의례행위는 공동체가 직접 경험한 구체적인 사건이 아니더라도 의미화된 상징적 표현을 통해서 집단의 결속을 다지는 중요한 기능을 수행한다.

공동체의 결속을 강화하는 대표적인 의례로 가족제사와 마을제사가 있다. 가족제사는 동일한 혈연관계를 맺고 있는 공동체에서 행하는 의례이며, 마을제사는 지연관계를 맺고 있는 공동체에서 행하는 의례이다. 한 마을이 지닌 내적 특질, 즉 동성마을이냐 이성마을이냐에 따라 의례 행위의 중심은 달라질 수 있다. 동성마을의 경우는 동

사진1. 옥계 노진 선생 재각

일한 조상을 대상으로 제사를 모시면서 혈연관계를 강조하여 구성원들의 결속을 다질 것이며, 이성마을의 경우는 마을제사를 통해서 구성원들의 결속을 지향할 것이다. 가족제사든, 마을제사든 공동체 신앙의 성격을 지니고 있다. 공동체 신앙은 공동체가 종교적 의례행위를 통해서 기억과 사건을 공유하면서 공동체 의식을 배양하고 구성원 간의 내적 결속을 강화하는 것을 목적으로 한다.

호경마을은 공동체 신앙인 가족제사와 마을제사가 상호보완적으로 행해지고 있다. 일차적으로 마을 내에서 혈연관계를 맺고 있는 동일한 씨족 집단이 자신들의 조상을 대상으로 의례행위를 행하면서 집단의 결속을 다진다. 더불어 씨족 집단의 결속과 별도로 지연성을 토대로 마을 구성원의 결속을 지향하는 마을제사가 행해진다.

사진2. 옥계 노진 선생 제향

　호경마을의 가족제사 중에 유독 눈길을 끄는 제사가 풍천 노씨의 선조인 옥계 노진의 제향이다. 옥계 노진(1518~1578)은 조선 중기 명종과 선조 연간에 활동한 문신이다. 고향은 함양군 북덕곡 개평촌에서 태어났으나 처가가 있는 남원에 와서 살았다. 이런 연유로 옥계 노진은 남원과 관계를 맺었으며, 이후 그의 후손들이 남원에 거주하게 되었다. 호경마을에도 풍천 노씨가 거주하고 있다. 이들은 옥계 노진을 기리기 위해서 마을 입구에 큰 재각을 세웠다. 호경마을에 거주하는 풍천 노씨와 남원 근방에 거주하는 일가들이 옥계 노진의 기일과 그의 부인의 기일에 맞춰서 제사를 지낸다. 사실 옥계 노진의 재실은 경상남도 함양군 지곡면에 있다. 그리고 그곳에서 풍천 노씨들이 그의 제사를 지낸다. 옥계 노진의 고향에 있는 재실에서 그의

사진3. 애도리제사

기일에 맞춰서 제사를 지내는 것과 동시에 호경마을에서도 그의 제
사를 지내는 것이다. 이러한 경우는 상당히 특이한 예라 할 수 있다.

풍천 노씨의 옥계 선생 후손들이 남원을 중심으로 호경마을에 거
주하게 된 계기는 17세기 이전까지 일반적인 결혼 풍습인 서류부가
혼(婿留婦家婚)의 영향 때문이다. 서류부가혼은 남자가 여자집에 가
서 결혼한 후, 다시 자신의 집으로 돌아오지 않고 처가에서 생활하는
풍속이다. 호경마을의 풍천 노씨들은 옥계 노진의 재각을 짓고 제사
를 지낸 이유에 대해서 그가 처가에 와서 살면서 이곳에서 학문적 성
과를 이루었기 때문이라고 설명한다. 사실 이와 같은 설명이 호경마
을 풍천 노씨들이 옥계 노진의 재각을 짓고 제향을 올리는 것에 대한
충분한 이유가 되지 못한다. 그리고 이성마을로 구성된 호경마을에

사진4. 애도리제사 독축

서 특정 성씨가 큰 재각을 짓고 정기적으로 많은 일가가 모여서 제향을 올리는 것이 그리 긍정적인 모습은 아닐 수 있다.

다양한 이성이 균형을 이루면서 마을 공동체를 유지해야 할 상황에서 마을의 중심세력처럼 재각을 짓고 제사를 행하는 모습은 다른 성씨의 공동체 구성원에게 썩 유쾌한 일은 아니다. 하지만 이러한 가족제사가 마을 공동체에 용인되는 이유는 산촌이라는 문화적 특이성 때문일 것이다. 산촌은 평야촌에 비해서 역사가 짧다. 특히 지리산 산촌은 사회적 혼란기에 성촌된 경우가 많다. 이러한 배경에서 성촌된 마을의 경우는 다양한 결핍을 내재하고 있다. 다양한 결핍적 상황에서 씨족 집단이나 공동체 집단이 자신들의 근본을 찾고, 이를 통해 결속하는 모습은 나름 중요한 의미를 내포하고 있다. 즉 정체성을 확인하고 공동체를 유지하는 차원에서 중요하다. 호경마을 옥계 노진의 재각에서 행해지는 제향은 이러한 의미에서 중요한 의례행위이며, 비슷한 처지에 놓인 마을의 다른 성씨들에게 충분히 용인될 수 있다.

반면 가족제사와 별도로 호경마을에서는 '애도리'라는 명칭의 마을제사가 행해진다. 주민들은 '애도리'를 오랜 전에 마을에 거주한 실존 인물로 믿고 있다. 사실 애도리와 관련된 실재 증거물이 현재까지 마을에 전해지고 있어서 인물의 실존성에 대한 주민들의 믿음은 강하다.

주민들 사이에 전승되고 있는 애도리 이야기를 요약하면 다음과 같다. 애도리는 과거 호경마을에 거주한 주민으로서 죽을 때까지 자손을 보지 못했다. 이에 애도리는 죽기 직전에 자신의 모든 재산을 주민들에게 나누어주었다. 그리고 애도리는 주민들에게 자신의 제사를 부탁하였다. 호경마을 주민들은 애도리의 부탁을 잊지 않고 추석 전에 그의 묘를 찾아가 벌초하고, 동짓달 초닷새날에 음식을 장만해 제사를 지냈다.

호경마을 사람들은 자식을 낳지 못하고 결핍을 지닌 익명의 사람을 위해서 제사를 지냈다. 애도리제사는 한 사람이 지닌 인간적 결핍을 공동체 차원에서 충족시켜주는 행위를 넘어서, 이를 통해서 마을 주민들의 결속을 다지는 계기로 활용되었다. 특히 애도리는 이름에서도 드러나듯이 특정한 성을 지닌 인물이 아니다. 그래서 특정 성씨가 주도권을 지니고 애도리제사를 주관하지 않는다. 또한 애도리의 재산이 공평하게 분배되었다는 것은 마을 주민들이 평등하게 제의에 참여할 수 있는 조건과 당위성을 제공한다. 정체성이 불분명한 애도리의 애매성, 자식을 낳지 못한 결핍, 공정한 재산의 분배, 현재까지 실재한 애도리의 실존의 증거물 등이 단순히 한 사람의 죽음을 추모하기 위한 제사행위가 아닌 마을 공동체 모두가 참여해서 의례를 실천하는 마을제사의 조건을 보여주고 있다.

산촌이라는 주변화된 공간에서 혈연관계를 통해서 정체성을 확인하는 작업은 씨족 단위에서 상당히 중요하다. 그래서 씨족 단위의 공동체는 공동의 조상을 대상으로 제사를 지냄으로써 공동체의 결속을 다지게 된다. 가족제사는 혈연관계로 맺어진 공동체 구성원에게 공동의 기억을 형성하게 하는 매개가 된다. 호경마을의 풍천 노씨가 행하는 옥계 노진 선생의 제사는 이러한 혈연관계를 통한 공동체의 결속 및 대외적으로 위세를 과시하는 기능을 적절하게 수행하고 있다.

더불어 지연성을 기초로 마을 공동체의 결속을 매개하는 의례행위도 필요하다. 애도리제사가 이러한 결속을 매개하고 있다. 애도리가 지닌 존재의 특이성이 마을 공동체 모두가 아무런 편견 없이 의례에 접속할 수 있게 하였다. 애도리가 지닌 애매성, 결핍, 공정성은 이질적 구성원들이 결합할 수 있는 조건을 충족하고 있다. 애도리를 통해서 마을 주민들은 지연성을 기초로 하는 공동의 기억을 수립해 나갔다. 그리고 실제적인 의례 행위를 통해서 마을 공동체는 화합과 결속을 다져나갔다.

2) 가뭄에 대한 공동체의 위기 의식과 대응_기우제

과거부터 인간은 물이 있는 곳을 찾아 떠났고, 물이 있는 곳에 정착하였다. 물은 인간이 공동체를 형성하고 문화를 발전시키는데 꼭 필요한 대상이다. 물을 잘 관리한 공동체는 생존해서 문화의 번영을 이루었지만, 물을 관리하지 못한 공동체는 소멸의 길을 걸었다. 다행히 현재 우리는 과학의 발달로 과거와 같이 물의 강력한 영향에 얽매이지 않는다. 하지만 물이 지닌 중요성은 시간이 흘러도 변하지 않는다.

인간이 물을 얻을 수 있는 곳은 하늘이다. 현재 우리나라는 효율적인 물 관리로 인해서 극한의 물 부족 사태를 경험하지는 않지만, 불과 몇 년 전까지만 해도 비가 오지 않은 봄이나 겨울이 되면 수시로 가뭄에 대해 걱정해야 했다. 특히 과거 우리나라에서 가뭄이 발생하면 극심한 피해를 입었던 곳이 도서와 산간지역이었다. 도서와 산간지역은 평야지역에 비해 거주하는 인구가 적을 뿐만 아니라 과거 논농사 위주의 농업생산 경제구조에서 그리 중요한 곳이 되지 못해 수리시설이 미비했다. 그래서 도서와 산간지역에 거주하는 사람들은 물, 특히 비에 대한 의식이 남달랐다.[10]

산간지역에 거주하는 호경마을 사람들 또한 물에 대한 인식이 특별했다. 과거 호경마을 사람들은 이상 기후로 비가 내리지 않으면 적극적으로 기우제를 행했다. 하지만 현재는 수리시설이 체계적으로 잘 갖춰진 관계로 기우제의 전승이 유보된 상태이다. 호경마을의 기우제를 구체적으로 살펴보기 이전에 과거부터 우리나라에서 행했던 기우제에 대해 살펴보고자 한다. 우리나라의 기우제 양상을 선제적으로 검토한 후 호경마을에서 행했던 기우제를 살펴본다면, 나름의 특이성을 도출할 수 있을 것이다.

과거 우리나라의 기우제는 크게 두 층위에서 행해졌다. 첫 번째는 국가의 제도권 내에서 행해진 공식적인 의례이며, 두 번째는 민간에서 행해진 의례이다. 국가의 제도권 내에서 행해진 기우제는 문서로

---

10) 한정훈, 「전남 용설화 연구」, 전남대학교 석사학위논문, 2005, 78쪽 참조.

전해져 오고 있어서 그 모습을 대략적으로 파악할 수 있다. 반면 민간에서 행해진 기우제는 기록되지 않아서 그 모습을 파악하기 힘들다. 하지만 민간에서는 1980년대까지 가뭄이 발생하면 과거부터 행했던 습속을 복기하여 기우제를 행했다. 이때 행했던 기우제의 기록을 토대로 과거의 모습을 조금이나마 짐작할 수 있다.

고려시대의 기우제는 국가차원에서 무당을 모아서 기우의례를 행하였다. 고려 현종은 무당 주재의 기우제를 공식화했으며, 무당의 기우굿은 『고려사』에 기록된 것만 해도 200회나 된다.[11] 조선시대 기우제는 공식적으로 기록한 문서가 있어서 의례의 모습을 구체적으로 살펴볼 수 있다. 『기우제등록』[12]에 기록된 대표적인 기우제 방식은 폭로의례(暴露儀禮)이다. 폭로의례는 빛과 열에 몸을 쬐이거나 태움으로써 주술적인 힘을 극대화하려는 기우양식이다. 폭로의례는 성스러운 기원의식이기보다는 적절한 기후의 운행을 조절하지 못했다고 여겨지는 왕이나 주술사를 모욕하거나 구차하거나 심지어 죽이기까지 했던 의례화된 처벌 양식이다.[13] 폭로의례는 왕의 폭로, 무(巫)의 폭로, 시체의 폭로, 용(龍)의 폭로 등이 있다. 조선시대에는 가뭄의 발생 원인을 폭로의 대상에 있다고 인식하였다. 폭로의 대상이 지닌 문제로 인해서 자연의 운행에 이상이 발생한 것이고, 이들의 근신과 처벌만이 자연의 운행질서를 교정할 수 있는 해결책이었다.

민간에서 행해진 기우제 또한 다양한 모습을 보인다. 1980년대까

---

11) 임재해, 「민간신앙에 발견되는 한국인의 자연관과 현대적 변용」, 『민속학연구』제 6호, 국립민속박물관, 1999, 121쪽.
12) 인조 14년(1636)부터 고종 26년(1889)까지 약 250년 간의 각종 기후의례에 관해 기록하고 있다.
13) 최종성, 『〈기우제등록〉과 기후의례』, 서울대학교출판부, 2007, 28쪽.

지 행해진 기우제를 분류해 보면, 가장 많이 행해진 기우제의 양식은 유교식 제사였다. 그 외에 가뭄이 발생한 지역의 시장을 옮기는 이시(移市), 지역의 진산(鎭山)에 암장된 묘를 파내는 암장발굴, 불교 승려들의 기우법회, 여성들의 기우주술, 산에 올라가 불을 피우는 번시(燔柴) 등이 있다.[14)]

국가 주도로 행해진 기우제나 민간에서 행해진 기우제가 그 층위를 달리하지만 상호교류하는 과정에서 형식을 변화시키며 의례를 정착시켰다. 국가의 주도로 행한 기우제가 민간에서 행한 기우제에 영향을 주기도 하고, 민간에서 행한 기우제가 국가의 기우제에 영향을 주기도 하였다. 이러한 상황에서 어떤 기우제가 형식과 내용적 측면에서 먼저이고 나중이냐를 따지는 것은 무의미하다.

국가 주도의 기우제나 민간에서 행한 기우제는 공통의 특질을 공유하고 있다. 비가 오지 않은 이유를 자연의 인간사회 인식에서 비롯된 것으로 여기며, 사람들이 도덕적으로 뭔가 잘못을 저지른 결과로 이해하였다는 것이다.[15)] 그래서 가뭄이 지속되면 공동체의 중심에 있던 인물의 반성과 성찰, 근신을 요구했던 것이다. 더불어 기우제는 원인론적 처방이 아닌 결과론적 처방이며, 정기의례가 아닌 비정기의례이다. 자연의 재앙을 막고 풍요를 기원하는 동제나 산신제와 같은 주기적인 공동체 제의가 원인론적 처방에 해당된다면, 기우제는 가뭄이라는 특별한 현상을 당면하여 이를 극복하기 위한 결과론적 처방으로 가뭄을 해결하는 것이라 할 수 있다.[16)]

---

14) 강용권, 「한국의 기우풍속에 관한 연구」, 『석당논총』제6집, 동아대학교, 1981 참조.
15) 임재해, 「민간신앙에 발견되는 한국인의 자연관과 현대적 변용」, 『민속학연구』 제6호, 국립민속박물관, 1999, 121쪽.
16) 임재해, 「민간신앙에서 발견되는 한국인의 자연관과 현대적 변용」, 『민속학연구』

기우제는 기양(祈禳)의례의 성격을 지니고 있다. 기양의례는『국조오례서례(國朝五禮序例)』에서 규정하고 있는 기고(祈告)의례의 일부에 해당된다. 기(祈)가 수한, 질역, 충황, 전벌 등과 같은 재앙의 상황에서, 고(告)가 봉책이나 관혼과 같은 주목할 만한 국가 대사의 상황에서 각각 진행되는 임시의례라 한다면, 재앙을 떨쳐내기 위해 비상시에 기원하는 기양의례는 전자에 속한다.[17] 가뭄은 공동체의 생존 문제가 달린 위급한 상황이기에 국상(國喪)이 발생하여 애도 기간이라 할지라도 그와 상관없이 기우제는 시행되었다. 기양의례의 개념이 국가차원에서 행해진 의례의 성격을 규정하는 것이기는 하지만 그 속에 내포된 의미는 민간에서 행해진 기우제의 성격을 규정짓는데 별 무리가 없어 보인다. 즉 기우제는 자연과 인간 관계에서 발생한 불협화음으로 인간의 윤리적이며 도덕적 관점에서 성찰을 요구하는 제의행위였으며, 가뭄이 발생한 상황에 대처하는 결과론적 처방이며, 비정기적으로 시급하게 행해진 의례라 할 수 있다.

호경마을에서도 과거 가뭄이 발생하면 기우제를 행하였다. 마을 사람들의 기억을 토대로 조사해 본 결과, 기우제는 다양한 계층이 다양한 형식으로 행했다. 우선 마을 사람들이 산정(山頂)에 가서 행한 의례가 발견된다.

> 화산 가서 공을 드려. 화산. 화산. 여그 저 화산이 있어. 불화자 뫼산자. 화산에 가서 물을 지고 올라가서 거기 갖다 공을 드려 또. 공을 드려 화산에 가서. 말하자면 이렇게 가물어서 우리가 서인들이 다 말

제6호, 국립민속박물관, 1999, 127~128쪽.
17) 최종성, 『〈기우제등록〉과 기후의례』, 서울대학교출판부, 2007, 4~5쪽.

하자면 곡식이 안 되고 매말라 있으니 천지신령님께 말하자면 좋은 비를 내려주십사 하고. 말하자면 깨끗한 사람들이 즉 말하자면 상주 이런 사람 말고 깨끗한 사람들이 서넛이 가서 술을 따라 주고 공을 드리고 와. 물을 짊어지고. 거기다가 부스지 화산에다가. 날만 궂으면 그전에 그랬어. 그래갖고 여그 사람들이 거그 한 번씩 화산에 한 번씩 갖다 오면 일찍 허니 가 세 시간 걸려.[18]

제보자가 언급한 화산(火山)은 호경마을 앞에 위치한 작살봉을 이르는 말이다. 마을 앞에 화산이 위치해 있기 때문에 과거부터 호경마을은 화재가 자주 발생했다. 그래서 마을 사람들은 음력 2월 초하루에 병에 물을 담아 작살봉 정상에 묻어 화재를 방비했다고 한다.[19] 호경마을과 대면하고 있는 화산은 풍수지리적으로 좋은 조건이 아닌 듯하다. 하지만 호경마을 사람들은 풍수지리상 화산의 불리한 조건을 주술적 의례행위로 방비하였던 것이다.

호경마을 사람들은 가뭄이 발생하면 그 원인을 풍수지리상의 조건에서 찾았다. 호경마을과 마주한 화산의 기가 너무나 세서 물을 마르게 했다는 것이다. 호경마을 사람들은 산정까지 물을 지고 가서 붓는다. 그렇게 함으로써 화산의 강한 기를 누르고자 하였다. 음력 2월 초하루에 화재를 방비하기 위해 정기적으로 행해졌던 의례가 가뭄이라는 위기 상황에서 물을 얻고자 하는 기우제 양식으로 전환된 것이다.

더불어 호경마을 사람들은 가뭄의 원인을 물과 기후변화를 주관하는 용신(龍神)에게서 찾았다. 동양에서 용은 구름과 비, 물을 관장하는 신으로 인식되었다. 그래서 과거 사람들은 가뭄이 발생하면 용의

---

18) 제보자 : 이정열(1935년생, 남), 조사일시 : 2012년 12월 18일.
19) 디지털남원문화대전, http://namwon.grandculture.net.

활동에 문제가 있는 것으로 생각하여 의례를 행하였다. 호경마을에서도 용을 대상으로 행한 다양한 기우제가 발견되는데, 첫 번째는 여성이 용을 자극하는 행위이다.

> 저 깊은 웅덩이에 가서 물장구를 치고, 여자들이 가서 깨를 벗고 날궂이를 해. 날궂이를 하면 비가 오는 수도 있고, 깊은 웅덩이가 저기 깊은 데, 냇물 내뿜는 그 물 깊은 데가 있어. 소(沼)라고 그러지, 물 소에 가서.[20]

호경마을의 용호정 옆에는 구룡소라는 용소가 있다. 호경마을의 아녀자들은 가뭄이 발생하면 그곳에 모여서 옷을 벗고 물장구를 친다. 호경마을 사람들은 아녀자들이 용소에서 옷을 벗고 물장구를 치면 그곳에 깃든 용이 깨어나서 요동을 치면서 비가 온다고 믿었다. 이와 같은 기우제는 크게 두 가지 의미로 해석할 수 있다. 일반적으로 과거 사회에서 여성은 부정성을 강하게 지닌 존재였다. 그래서 신성이 깃든 곳에 여성이 출입하는 것을 극히 제한하였다. 용소는 용이 사는 신성한 장소인데, 그곳에 부정성을 지닌 여성이 출입하게 되면 오염된다. 여성의 출입으로 신성한 용소가 오염되면, 그곳에 살고 있는 용이 분개하여 요동치게 된다. 그리고 용은 오염된 자신의 거처를 비로 정화한다. 이는 일종의 반감주술이다. 반면 또 다른 해석이 가능한데, 좋아하는 것을 보여줘서 용소에 잠든 용을 깨우는 것이다.[21] 용은 남성성을 강하게 지니고 있다. 그래서 남성성을 표현할 때 용이

---

20) 제보자 : 이정열(1935년생, 남), 조사일시 : 2012년 12월 18일.
21) 최종성, 『〈기우제등록〉과 기후의례』, 서울대학교출판부, 2007, 50쪽.

자주 이용된다. 남성성을 지닌 용은 당연히 여성을 좋아한다. 좋아하는 대상을 접한 용이 요동치게 되고, 이로 인해서 비가 내리게 된다. 굳이 이러한 행위에 이름을 붙인다면 호감주술에 해당되겠다.

호경마을 여성들의 기우제가 앞의 두 가지 해석 중에 어떤 것이 더 실제적 의미를 획득하느냐는 확정적으로 답하기 어렵다. 그런데 호경마을의 구룡소는 과거부터 여성들이 자주 출입한 곳이었다. 특히 봄철에 호경마을 여성들이 화전놀이의 장소로 이곳을 자주 이용하였다. 사실 구룡소가 신성한 장소로 호경마을 사람들에게 인식되었다면, 일상생활에서 사람들의 출입이 통제되었을 것이다. 특히 여성은 스스로 신성한 장소의 출입을 자제하였을 것이다. 하지만 구룡소는 일상생활에서 호경마을 사람들의 출입이 자유로웠던 곳이다. 이러한 맥락에서 여성들의 기우제를 해석해 보면, 여성의 부정성을 통해서 신성한 곳을 오염시키고, 용이 부정성을 정화할 목적으로 비를 내린다는 해석은 논리적으로 맞지가 않다. 반면 여성을 성적인 측면에서 적극적으로 노출시켜서 용의 흥분을 유도하고 이를 통해서 비를 내리게 한다는 것이 호경마을 여성들이 구룡소에서 행한 기우제를 해석하는데 더 적합할 것이다.

용이 싫어하거나 용소에 부정성을 개입시켜서 비를 내리게 하는 기우제는 다른 의례행위에서 발견된다.

그러지 여기도 가물게 되면, 그때만 해도 하늘맞이거든. 모다 전부 도랑에 물이 마르고 이렇게 하면 비오길 우제, 기우제를 지내야. 그러면 요 우에 구룡폭포 가는 데가 있어. 구룡폭포 거그 가서 돼아지 대가리를 갖다가 사다가 제를 지내고, 물속에다 던져 놓으면 그 놈을 애들

이 주어 먹고 그런 기억이 나.[22]

용소에 돼지머리를 투척하는 기우제는 다른 지역에서도 자주 발견된다. 국가 주도의 기우제에서는 돼지머리 대신 호랑이 머리를 용소에 투척한다. 이는 용이 싫어하는 대상을 용소에 투척해서 움직임을 유도하는 것이다. 예로부터 용호상박(龍虎相搏)이라는 말이 있다. 용과 호랑이는 상극으로 둘이 만나면 서로 위협적인 상황이 조성된다는 것이다. 그래서 호랑이 머리를 용이 거처하는 곳에 놓아두면 용이 요동을 쳐서 비가 내린다는 것이다. 하지만 호랑이를 구하기가 그리 쉬운 일이 아니다. 조선시대 때도 국가 주도의 기우제에 호랑이를 구하려다가 실패한 예가 있다.[23] 이런 상황인데 민간에서 호랑이를 구하는 것은 더욱 어려운 일이었다. 그래서 호랑이를 대신해서 돼지머리를 이용하였다.

용이 싫어하는 동물 중에 하나가 돼지이다. 상상 속의 동물인 용은 여러 동물의 신체를 조합하여 구성되었다.[24] 그중에서 용의 코는 돼

---

22) 제보자 : 김종연(1942년생, 남), 조사일시 : 2012년 10월 19일.

23) "경자 4월 16일, 예조에서 아뢰었다. "지난번에 접수된 경기감사 조형의 장계에 따르면, 이번 달 18일의 기우제에 쓸 虎頭를 마땅히 진배해야 하지만, 작년 도내에서 1년 내내 호랑이를 잡지 못하여 영중에 남겨 둔 것이 없기에 계를 올렸다고 합니다. 호두가 영중에 남은 것이 없으니 달리 그것을 얻을 만한 곳이 없는데, 제일은 이미 임박하여 그것을 찾아 돌아다닐 수도 없는 형편입니다. 하필 호두를 강에 침수시켜야 하는지 그 본뜻을 잘 알지는 못하나 이번에는 임시로 돼지 머리로 대용하는 것이 완전히 폐하여 거행하지 않는 것보다 나을 듯합니다. 의례를 마친 후에 강에 돼지 머리를 던지는 것도 마치 저자도에서 의례를 마친 후에 거위를 침수시키는 예와 같아 무방하지 않을까 합니다. 이런 뜻을 봉상시에 분부하여 거행하는 것이 어떻겠습니까?""(『祈雨祭謄錄』册1, 庚子 四月 十六日); 최종성, 『〈기우제등록〉과 기후의례』, 서울대학교 출판부, 2007, 62쪽 재인용.

24) "머리는 낙타 같고, 뿔은 사슴 같고, 눈은 토끼 같고, 귀는 소와 같으며, 목은 뱀과 돼

지코를 본떠서 만들었다. 용은 자신의 얼굴 중에 코를 가장 싫어한다. 그래서 용은 돼지를 보면 반감작용으로 요동을 치는 것이다. 돼지머리를 용소에 투척하는 것은 용이 가장 싫어하는 동물을 투척함으로써 위협을 가하는 반감주술의 일종이라 할 수 있다.

기우제는 결과론적 처방이며 비정기적 의례이다. 물의 과소현상으로 인한 인간에 대한 자연의 위협에 공동체가 적극적으로 대처하는 의례행위가 기우제라 할 수 있다. 하지만 이러한 위협적 상황에서 인간은 자연을 탓하지 않았다. 인간은 자신 스스로를 돌아보는 기회로 삼았다. 호경마을 사람들 또한 기우제를 통해서 자신의 삶을 되돌아보는 시간을 가졌다. 호경마을 사람들은 가뭄이라는 위급한 상황에서 기우제처로 마을의 주변 공간을 이용하였다. 호경마을 사람들은 공간적으로 결핍이 존재하는 곳을 찾아가 비보적 행위를 통해서 비를 기원하였고, 여성이 주체가 되어서 신과 교감하고자 하였으며, 어른과 아이 구별 없이 용에게 비를 기원하였다. 합리적이고 과학적 인식 속에서 이러한 의례행위가 단지 미신행위로 비춰질 수 있다. 하지만 위급한 상황에서 공동체 구성원들이 자신의 주변 공간을 살피면서 재인식하고, 남녀노소 누구나 합심하여 대처하는 모습은 의례를 통해서 실제로 비가 내리고 안 내리고의 문제를 넘어서 공동체를 유지하고 발전시켜 나가려는 의지적 차원에서 의미 있는 집단적 행위라 할 수 있다.

같고, 배는 신과 같고, 비늘은 잉어와 같고, 발톱은 매와 같으며 발바닥은 범과 같다. 그리고 등에는 81개의 비늘이 있어 9·9의 양수를 갖추었으며 그의 소리는 구리판을 때리는 것 같고 입가에는 수염이 있으며 턱밑에는 구슬이 달리고, 목 아래에는 거슬 비늘이 있으며 머리에는 박산이 있는데 이는 척목이라고도 한다.”(『本草綱目』 인부, 용.)

3) 마을공간의 결핍과 비보에 의한 공동체의 의지-조탑과 솟대

호경마을은 동쪽으로 지리산을 기대고 있으며, 서북쪽으로 마을의 입구가 있다. 남쪽으로 용궁리와 접해있지만 그 사이에 고개가 있어 막혀 있는 형국이며, 서북쪽으로 경제생산활동의 토대가 되는 소분지 형태의 넓은 들판이 있다. 과거 농업용수와 생활용수의 공급처가 됐던 원전천은 호경마을의 남쪽에 위치하면서 지리산 계곡을 타고 동쪽에서 서쪽으로 흐르고 있다.

옛날부터 우리나라 사람들은 한 공간에 거주하고 생활하기 위해서 주변의 자연환경을 고려하였다. 그리고 자연과 인간이 공생하며 조화롭게 살 수 있는 주거공간을 선택하였는데, 우리는 이를 풍수지리라 한다. 풍수지리설에서 중요하게 고려하는 자연적 요소는 땅의 형상을 나타내는 형국(形局)뿐만 아니라 바람을 갈무리하는 장풍(藏風), 물을 얻을 수 있는 득수(得水), 땅의 기운이 맺힌 혈(穴)에서 좌향을 결정하는 방위(方位) 등 네 가지를 둔다.[25] 사람들은 땅의 형국, 장풍의 조건, 득수의 환경, 땅의 기운과 방위 등을 고려하여 삶의 공간을 마련하고, 심지어 죽은 사람을 모시는 공간까지도 앞의 조건을 고려한다.

풍수지리설에서 마을이 자연과 어울리는 최상의 공간으로 배산임수(背山臨水)를 꼽고 있다. 배산임수는 산을 등지고 물을 얻을 수 있는 최상의 공간을 이르는데, 여기서 배산의 방위는 북쪽이며, 임수의 방위는 남쪽이다. 하지만 배산임수의 형국 및 방위까지 완벽하게 충족하는 공간이 얼마나 될까? 풍수지리설에 입각하여 조선의 왕도(王

---

25) 임재해, 「풍수지리설의 생태학적 인식과 한국인의 자연관」, 『민속문화의 생태학적 인식』, 당대, 2002, 180~181쪽.

都)로 선택된 한양 또한 공간적 결핍이 존재하여 인공물로 비보하기까지 했다.

호경마을의 형국은 길지(吉地)에 해당된다. 호경마을은 배산임수의 형국을 유지하면서 인간이 살기에 적합한 공간을 형성하고 있다. 하지만 방위에 있어서 문제가 드러난다. 호경마을의 입구와 경제생산활동의 토대가 되는 들판이 서북쪽에 위치해 있다. 이로 인해서 호경마을은 겨울이 되면 북서풍의 차가운 바람을 그대로 맞게 된다. 방위에 따른 방풍의 조건이 최악이라 할 수 있다. 더불어 한국인의 관념에서 서쪽과 북쪽은 긍정성보다는 부정성이 강한 방향이다. 일반적으로 동쪽과 남쪽은 생명이 움트고 삶이 생동하는 곳이다. 반면에 서쪽과 북쪽은 죽음의 공간으로 인식된다. 호경마을의 입지가 형국상 길지임에도 불구하고 방위상 배치는 강한 결핍을 보여주고 있다.

예나 지금이나 인간은 일정 공간에 거주를 결정하고자 할 때, 주변의 자연을 유심히 관찰하고 그 환경을 고려하게 된다. 혹시나 인간이 거주하기에 부정적인 요인이 발견될 경우엔 다른 곳으로 이주하게 된다. 하지만 인간이 상상 속에 기획한 최고의 거주 조건을 완벽하게 충족시켜주는 곳은 그리 많지 않다. 사람들은 자신이 거주하는 공간에 결핍이 발견되면, 다른 조건으로 보완 혹은 상쇄될 수 있는가를 따져본다. 그리고 보완 혹은 상쇄가 가능하다고 생각되면, 사람들은 작은 불편을 감수하고라도 그 공간에 거주하게 된다. 더불어 결핍에서 파생된 불편을 최소화하기 위해서 인간은 많은 노력을 한다.

풍수지리설에서 비보(裨補)와 압승(壓勝)은 인간의 노력이 반영된 표현이다. 비보는 지기(地氣)가 허한 곳을 보완해주고, 압승은 지기가 넘쳐서 생명의 조화가 깨뜨린 곳을 눌러주는 행위이다. 즉 인간이

인위적인 장치를 설치하여 길한 형국을 만드는 방법이 비보와 압승이다.[26) 비보와 압승은 풍수지리상의 문제를 인간 스스로 이겨내고자 하는 의지이며, 더불어 주변의 자연과 인간이 공존하고자 하는 상징적 합의의 표현이다. 비보와 압승의 대표적인 인공물로 입석, 조탑, 솟대, 장승 등이 있다. 특히 전라도 지역에서 광범위하게 이용되는 비보와 압승의 장치는 입석과 조탑이다.

전라도 지역은 입석과 조탑으로 문화권이 나뉜다. 평야지역인 전라도 서부지역은 입석문화권을 형성하고 있으며, 산간지역인 전라도 동부지역은 조탑문화권을 형성한다. 더불어 입석과 조탑이 혼효되어 이루어진 적석입석도 있는데, 이는 조탑문화권 안에서 보여지는 비보 장치이다. 호경마을은 전라도 동부의 산간지역에 위치한 관계로 조탑문화권에 해당된다.

호경마을에는 2기의 조탑이 있다. 마을로 들어오는 길 입구의 양편에 조탑이 있으며, 들어오는 방향에서 오른쪽 조탑에는 솟대가 세워져 있다. 호경마을의 조탑과 솟대는 전형적인 비보 장치이다. 호경마을을 둘러싼 지세의 형국은 길지의 조건을 갖추고 있지만, 방위의 조건이 풍수지리상 문제점을 드러내고 있다. 이에 호경마을 사람들이 방위의 조건에 드러난 문제점을 보완하기 위해서 조탑과 솟대를 세웠을 것으로 추정된다.

이러한 호경마을 사람들의 비보 장치가 외부의 시선에서는 가벼운 문제로 치부될 수 있다. 하지만 그곳에 거주하는 사람들의 입장에서는 공동체의 생존과 유지가 달린 심각한 문제이다. 특히 비보 장치만으로 불안 문제가 해소된다면 괜찮지만, 공동체가 느낀 불안의 정도

---

26) 임재해, 『풍수지리설의 생태학적 인식과 한국인의 자연관』, 당대, 2002, 190쪽.

가 깊다면 신앙적 믿음이 동반된 의례가 행해지기도 한다. 호경마을 사람들은 조탑과 솟대를 단순히 공간적 문제를 비보하는 장치로만 인식한 것이 아니라, 마을을 수호하고 복을 구해주는 대상으로 생각하고 정기적 의례를 행했다.

호경마을의 조탑과 솟대는 약간 변별된 기능을 보인다. 조탑은 마을의 입구가 서북쪽으로 향하고 있어서 북쪽에서 불어오는 바람과 더불어 잡귀와 잡신을 방비하는 기능을 수행한다. 반면에 솟대는 조금 다른 기능을 보인다.

나무가 인제 썩어서 넘어지면 하제. 여가 말을 들으면 배형국이래. 동네 터가. 배는 돛대가 있어야 갈 것 아니여. 그넝세 배형국이라고 지기 저 시커먼 것이 저게 짐대여. 나무 시커먼 올라간게 전봇대 쪽으로. 고게 짐대라. 요쪽에는 조산 있고.[27]

제보자는 마을이 배형국이기 때문에 솟대를 세웠다고 진술한다. 배형국은 풍수지리상 행주(行舟)형에 속한다. 주민들이 거주하는 마을 공간이 배이고, 그 주변은 바다에 해당된다. 바다의 형국은 무균질하고 불규칙한 자연을 상징한다면, 배는 균질적이며 규칙이 지배하는 질서의 공간이다. 본래 바다는 기후의 변화에 따라 그 움직임을 예측할 수 없는 공간이다. 당연히 그 위에 떠 있는 배도 바다의 흐름에 내맡겨지게 된다. 중심을 잡지 못하는 배라면 바다의 움직임에 이리저리 흘러갈 것이다. 이러한 배 안에서 생활하는 사람들 또한 불안정하고 불규칙적일 수밖에 없다. 그래서 마을 사람들은 하나의 방책

---

27) 제보자 : 김종연(1942년생, 남), 조사일시 : 2012년 10월 19일.

으로 돛대를 달아서 배의 중심을 잡고자 했다. 솟대는 배형국의 호경
마을에 돛대를 상징하며, 공간의 안정화를 지향하는 마을 사람들의
의지의 표현인 것이다.

비보 장치는 그 기능에 따라 일반적으로 부여되는 명칭이 있다. 대
표적인 명칭이 수구맥이와 수살맥이다. 수구맥이의 수구는 풍수의
용어로 용호(龍虎)로 에워싸인 사이를 물이 흘러가는 지점을 말한
다.[28] 여기서 물은 실제의 물을 지칭하는 것이 아니라 부에 대한 상
징적 은유이다. 과거 농경 사회에서 풍요를 획득하기 위한 기본적인
조건이 물이었다. 그래서 인간이 생명을 유지하고 풍요를 획득하기
위해서는 물의 흐름을 잘 조절해야 했다. 이러한 맥락에서 수구맥이
는 물의 흐름을 조절한다는 의미를 지니고 있다. 물길을 차단하면 길
하게 된다는 것인데, 물길을 차단하는 것이 바로 수구맥이다.[29]

반면 수살맥이는 살막기, 수살목 등으로 불리며 방살(放殺)의 뜻을
가진 풍수의 비보에서 유래된 것이다. 살은 기가 모이는 것이 아니라
흩어지는 산세를 말한다.[30] 살은 외부에서 들어와 길한 기운을 손상
시킨다. 이 살을 방비하는 것이 수살맥이다. 풍수에서 보이는 살은
해하고, 보이지 않는 살은 해하지 않는다고 한다. 살의 형세가 아무
리 멀다 할지라도 보이는 살은 영향을 미치기 때문에 이것을 방어하
지 않으면 안 된다.[31]

---

28) 村山智順, 최길성 옮김, 『조선의 풍수』, 민음사, 1993, 33쪽.
29) 표인주, 「전남의 입석과 조탑에 관한 고찰」, 『비교민속학』제12집, 비교민속학회,
    1995, 407쪽.
30) 村山智順, 최길성 옮김, 『조선의 풍수』, 민음사, 1993, 54쪽.
31) 표인주, 「전남의 입석과 조탑에 관한 고찰」, 『비교민속학』제12집, 비교민속학회,
    1995, 408쪽.

수구맥이는 마을 내부 공간을 안정시켜서 안에 존재하는 복을 잘 간직하기 위한 기능을 수행한다. 반면에 수살맥이는 외부에서 들어오는 살의 기운을 방비하여 마을 내부의 공간을 지킨다. 호경마을의 조탑은 서북쪽의 방향에 깃들어 있는 살을 방비할 목적으로 조성된 것으로서 수살맥이에 해당된다. 반면 솟대는 내부의 복을 간직하기 위한 수구맥이의 기능을 수행한다. 솟대의 이러한 기능은 다음에서 확인할 수 있다.

> 솟대 끄트머리에다가 오리 세 마리를 꽂았다. 두 마리는 나가고, 한 마리는 들어와. 밖에 가서 낮에 가서 물고 와서 동네 나갈 때 똥을 싸고 나가라고 해갖고. 말하자면 짐대 끄트리에다가 오리를 달아놔. 어디서 물고 들어와서 여그 와서 똥을 싸고 나가거라.[32]

솟대 위에는 세 마리의 오리가 있다. 두 마리는 마을 밖으로 향해 있으며, 한 마리는 마을 안을 향하고 있다. 마을 밖을 향한 오리 두 마리가 밖으로 나가서 복을 가지고 들어오면, 마을 안을 향한 오리는 그 복을 간직하게 된다. 여기서 똥은 복을 의미한다. 똥은 생명체가 음식을 섭취하고 배설한 더러운 노폐물이 아니라 만물의 생기복덕을 창조해 내는 에너지 공급원이다. 특히 농경사회에서 똥은 토지를 비옥하게 하는 비료가 되어 농작물이 생장하는 과정에서 영양분을 공급해 준다. 똥은 풍요를 예비하는 상징이다. 호경마을 사람들은 마을 공간에 결핍되어 있는 복을 구하고, 구한 복을 간직하기 위한 기능적 상징물로 솟대를 인식하고 있다.

---

32) 제보자 : 이정열(1935년생, 남), 조사일시 : 2012년 12월 18일.

사진5. 호경마을 달집태우기

호경마을 사람들은 2월 초하루에 음식을 정성스럽게 차려서 솟대
에 가서 제를 지냈다. 제를 지낼 때는 상중(喪中)인 사람은 못 오게
하였으며, 마을의 농악패가 동원되어 굿을 치기도 하였다. 조탑과 솟
대에 행한 공동체 의례는 정기적이었다. 정월 대보름에는 망월이라
불리는 달집을 세웠으며, 2월 초하루에는 조탑과 솟대에 음식을 차
려놓고 의례를 행했다. 2월 초하루날 행해진 의례가 솟대를 대상으
로 하는가, 조탑을 대상으로 하는가는 명확하지 않다. 하지만 호경마
을의 풍수지리상 문제점을 보완하는 수구맥이와 수살맥이인 솟대와
조탑은 그 중요성에 있어서 우열을 가리기 힘들다.

그럼에도 불구하고 필자가 추론해 보건대, 2월 초하루에 행한 공
동체 신앙의 중심은 솟대이지 않았을까 한다. 이런 추론의 근거는 조
탑과 솟대의 기능적 차이에 있다. 조탑은 호경마을의 입지 조건에서
서북방향의 마을 입구를 비보한다. 조탑은 외부에서 들어오는 살을
막기 위함이다. 조탑은 수동적인 구복행위의 의미를 내포하고 있다.

반면 솟대는 호경마을 사람들의 적극적인 구복행위에 속한다. 솟대
는 행주형 마을 공간을 안정화 시키는 돛대의 기능을 하면서, 오리가
외부로 나가서 복을 구하고, 구한 복을 지키기까지 한다. 이와 같은
솟대의 기능성에는 호경마을 사람들의 적극적인 구복의지가 내포되
어 있다. 수동적인 구복행위보다 적극적인 구복행위 속에서 호경마
을 주민들이 공동체를 유지하고 발전시켜 나가고자 하는 강한 의지
의 지향을 독해할 수 있다.

솟대와 조탑은 종교적 기능성이 확대 강화되어 호경마을 사람들의
개별적 신앙행위의 대상이 되기도 한다. 일부 호경마을 사람들은 조
탑을 당산정, 칠성당 등으로 부르기도 했다. 그래서 집안에 우환이
있거나 자식이 없는 호경마을 사람들은 이곳에 공을 드리기도 했다.
하지만 이와 같은 개인 차원의 의례는 보편적인 것이 아닌 특수한 사
례에 해당된다.

현재 조탑과 솟대를 대상으로 행한 호경마을의 공동체 신앙은 과
거에 비해 상당히 쇠퇴한 상태이다. 이는 과학이 발달하고 합리적인
사고가 사람들의 의식을 지배하면서 풍수지리설에 대한 믿음이 약화
된 것과 관련이 있다. 또한 인구의 감소 및 거주 인구의 노령화로 인
해서 어쩔 수 없는 결과라 할 수 있다. 하지만 분명한 것은 과거 호경
마을 사람들이 조탑과 솟대를 대상으로 한 의례는 강한 종교적 믿음
을 기반으로 행해졌다는 것이다. 마을 공동체는 자신들이 거주하는
공간에 나타난 문제적 상황을 적극적으로 해결하고자 하는 의지를
의례를 통해서 표현하였던 것이다. 의례는 거주 공간이 지닌 문제적
상황을 끊임없이 마을 사람들에게 각인시키면서 공동체의 내적 단결
을 추동하였다. 또한 솟대의 오리가 지닌 상징을 통해서 알 수 있듯

이, 호경마을 사람들은 자신을 둘러싼 결핍적 상황에 적극적인 구복 의지를 보임으로써 문제를 해결하고자 하였다.

3. 공동체 신앙의 변화와 공동체 구성원의 의식

호경마을의 공동체 신앙은 크게 세 층위로 나눌 수 있다. 첫째는 구성원의 관계적 측면을 조정하는 공동체 신앙으로서 가족제사와 애도리제사가 있다. 둘째로 비상시적 위기 상황이 발생하면 행하는 공동체 신앙이 있는데, 여기에는 기우제가 해당된다. 셋째 상시적 문제에 대한 공동체 구성원의 의례가 있는데, 조탑과 솟대를 대상으로 행하는 공동체 신앙이다.

과거 호경마을의 공동체 신앙은 뚜렷한 목적의식과 기능성을 지니고 전승되었다. 하지만 인식이 변화된 현대사회에서 과거와 같은 모습으로 호경마을의 공동체 신앙이 전승되리라 기대해서는 안 된다. 사회가 변화함에 따라 공동체 신앙 또한 변하는 것은 당연하다. 현재 호경마을의 공동체 신앙은 잔존문화(殘存文化) 내지는 점멸문화(漸滅文化)의 성격을 지니고 있다. 잔존문화란 형태와 기능을 가지고 있는데, 사회가 바뀌면서 형태는 남아있지만 기능이 없어져버린 것을 가리키는 말이다.[33] 점멸문화는 사회적 변화에 적응하지 못하고 전승이 중단되거나 사라져버린 문화를 말한다. 호경마을 공동체 신앙은 본래의 기능성을 유지하면서 현재까지 전승되는 것도 있지만, 대체적

---

[33] 나경수, 「호남지역 동제와 지역문화」, 『남도민속연구』제13집, 남도민속학회, 2006, 10쪽.

으로 잔존문화 및 점멸문화의 형태로 이행해 가는 과정에 놓여 있다.

2012년 10월 8일 호경마을에 있는 풍천 노씨 옥계 노진 선생의 재각에서 제향이 행해졌다. 호경마을에 거주하는 풍천 노씨뿐만 아니라 남원 근방에 거주하는 풍천 노씨의 일가들이 모두 제향에 참여했다. 이 제향은 상당히 엄숙한 분위기에서 진행되었다. 남원 지역의 정치인들까지 자신들을 알리기 위해서 제향을 찾기도 하였다. 호경마을에 대한 배경지식이 없는 외부사람이 이 제향을 보았다면, 풍천 노씨가 마을 내에서 상당한 기득권을 지니고 있으리라 오해했을 것이다.

옥계 노진 선생의 고향에서도 그의 기일에 제사를 올리는데, 그와 별도로 호경마을에서 재각을 건립하고 기일에 맞춰서 제향을 올리는 것은 나름 자세하게 분석해볼 필요가 있다. 산촌마을에서 과거 학문적으로 큰 업적을 남긴 선조를 대상으로 현재까지 별도의 제향을 올린다는 것은 일차적으로 씨족원의 정체성을 확인하기 위한 것이라 할 수 있다. 더불어 다양한 이성집단이 거주하는 마을에서 이러한 제향은 특정 성씨의 위세를 과시하기 위한 목적도 내포하고 있다.

다른 공동체 신앙에 비해서 가족제사는 현재까지 강한 전승력을 보이고 있다. 하지만 가족제사의 모습도 점점 쇠퇴의 국면으로 접어들고 있다. 가족제사를 주재하는 주체의 유연한 변화 조짐이 발견되지 않는다. 공동체 신앙은 주재 주체의 유연한 변화 조짐이 보여야 추후 전승 가능성을 타진할 수 있는데, 사실 가족제사는 전승력을 확보하고는 있지만 주재 주체가 고정적으로 정체된 모습을 보이고 있다. 노령층을 중심으로 가족제사를 수행하고 있으며, 그나마 젊은층은 집안의 장자나 종손에 해당되는 사람 정도이다.

사진6. 옥계 노진 선생 제향 제물

　지연을 토대로 혈연성을 강조한 공동체 신앙이 가족제사라고 한다
면, 지연성을 토대로 해서 공동체 구성원의 정체성을 담보해 내는 것
이 마을제사이다. 호경마을에는 당산제나 당제로 불리는 마을제사는
존재하지 않는다. 반면 애도리제사가 마을제사의 성격을 지니며 전
승되고 있다. 과거에는 애도리답이라고 해서 마을에서 관리하는 공
동논이 있었고, 거기에서 나온 이익금은 애도리제사에 사용되었다.
더불어 마을 사람들은 추석 전에 남원시 주천면 은송리에 소재한 애
도리묘에 가서 벌초를 하였다. 동짓달 초닷새날이 애도리제사일인
데, 주민들은 음식을 장만해서 묘에 가서 제사를 지냈다. 애도리제사
가 끝나면 마을로 돌아와 잔치를 열었다. 현재 애도리제사는 과거와
상당히 다른 모습으로 변이되었고, 마을 사람들의 의미 지향도 많이

사진7. 애도리제사 제물

달라졌다.

우선 애도리제사의 제일이 유동적으로 변했다. 과거 애도리제사는 고정적이었는데, 3~4년 전부터 양력 12월 31일로 제사를 옮겼다. 그리고 2012년에는 마을 사람들의 합의로 12월 28일에 지냈다. 제사상 차림도 앞의 가족제사와 많이 달랐다. 옥계 노진 선생의 제향은 엄격한 제식에 맞춰서 제사 주관자의 지시로 제물이 올려졌다. 반면에 애도리제사는 몇몇 마을 주민의 결정에 따라 제사상이 차려지는 모습을 보였다. 심지어 제사상에 과자와 사탕이 올라가기도 하였다. 옥계 노진 선생의 제향은 홀기에 맞춰서 제차가 진행되었는데, 애도리제사는 헌관 및 축관, 제차가 제사 중간에 마을 사람들의 합의로 결정되었다.

애도리제사는 신성성과 엄격성을 기반으로 행하는 의례가 아니었다. 더불어 현재 애도리제사는 애도리를 추모하는 의례가 중심이 되지 못한다. 오히려 애도리제사 전후로 배치된 마을총회와 마을잔치가 주민들에게 더 중요한 행사로 인식되었다. 2012년 12월 28일 호경마을 사람들은 애도리제사를 지내기 전에 마을회관에 모여서 한 해를 결산하고 새해를 계획하였다. 남성들이 중심이 되어 개최된 마을총회에서 한 해 동안 운영된 마을기금을 정산하여 보고하였고, 내년에 마을을 이끌어 갈 이장단을 선출하였다. 같은 시간에 마을회관 한켠에서는 부녀회를 중심으로 여성들이 애도리제사의 제물과 마을잔치에 쓰일 음식을 장만하고 있었다. 총회가 끝난 후에 남성들은 애도리제사를 지냈고, 이후에 모든 주민들이 한 자리에 모여서 음식을 나누어 먹었다. 애도리제사가 지닌 본래의 목적, 즉 애도리를 추모하는 관념은 많이 쇠퇴하였다. 반면 마을총회와 마을잔치를 통해서 지연성을 기초로 한 마을 주민들의 공동체 의식을 강화하였다.

씨족단위의 가족제사와 지연성을 기초로 하는 애도리제사는 오랜 시간 상호작용하면서 공동체 구성원의 관계적 측면을 조정하였다. 다양한 성씨로 구성된 호경마을에서 나름 평형을 유지하기 위해서는 1~2개의 씨족에게 무게중심이 쏠리면 안 된다. 그래서 끊임없이 공동체 구성원 사이의 관계 및 씨족 사이의 관계에 있어서 평형을 유지해야만 했다. 일례로 근래에 순천대학교 지리산권문화연구단이 산촌 연구의 일환으로 호경마을 마을지 발간 사업을 추진하였다. 이 과정에서 풍천 노씨 일가 중의 한 분이 호경마을의 주체가 되었다. 마을지 발간을 위해서 호경마을의 지원이 필요한 상황이었다. 하지만 마을 주민들은 논의를 거쳐서 마을지 발간을 하지 않기로 결정했다. 이에 호경마을 주체는 순천대학교 지리산권문화연구단과 회의를 하면서 더 좋은 방법을 강구해서 마을지를 발간하고자 하였다. 마을 주체는 현재로서 마을 내의 지원이 불가능하니, 호경마을 출신으로 타지에서 활동하는 사람들을 설득해 보겠다고 제안하였다. 이 자리에서 몇몇 사람들은 호경마을에 풍천 노씨가 많이 거주하고 있으니 그 문중에 마을지 발간을 위한 협조를 구하는 것이 어떻겠냐고 하였다. 이 제안에 마을 주체는 만약 어느 한 문중이 과도하게 개입할 경우 마을지가 지닌 성격에 문제가 생길 수 있으며, 설령 그렇게 지원을 받아서 마을지가 발간될 경우 마을지의 대표성 문제가 제기될 수 있다며 좋은 방법이 아니라고 답하였다.

마을 주체의 발언은 호경마을이 지닌 내적 특질을 명확히 보여주고 있다. 다양한 이성집단과 더불어 외부에서 이주해 온 사람들로 구성된 호경마을은 마을 공동체를 유지하기 위해서 1~2개의 씨족에게 무게중심이 쏠리는 것을 방지하면서 세력 간의 균형이 가장 필요하다. 이러한 무의식적 반응이 마을 주체의 발언에 나타나고 있다. 그렇다고 개체별, 씨족별로 중요시되는 정체성 인지의 문제도 소홀히 할 수는 없다. 이러한 복잡하고 미묘한 문제를 호경마을에서는 공동체 신앙을 통해서 일정정도 해소하고 있다. 혈연관계를 토대로 하는 씨족단위의 가족제사와 지연관계를 토대로 하는 애도리제사는 상호보완적 관계를 유지하면서 마을 공동체가 존속할 수 있는 의식적 균형을 형성하는 매개로 작용하였던 것이다.

가뭄은 비상시적 위기상황에 해당된다. 호경마을 사람들은 가뭄이 발생하면 기우제를 행하였는데, 기우제는 다양한 형식으로 행해졌다. 호경마을 기우제가 주체와 형식을 어떻게 달리하면서 행해졌고,

어떤 의미로 마을 공동체에 영향을 주었는지를 주목해서 살펴볼 필요가 있다.

가뭄이 발생하면 호경마을 사람들은 화산에 물을 짊어지고 가서 그곳에 붓고 온다. 이때 화산에 갈 수 있는 사람은 깨끗한 사람이다. 일반적으로 깨끗함의 조건은 집안에 상(喪)이 없어야 한다. 더불어 전통적인 관념에서 여성은 항시적으로 부정성을 잠재하고 있기 때문에 이러한 의례에서 배제되었다. 화산에서 행하는 기우제는 남성 중심의 의례였다.

화산의 기우제와 함께 남성 중심의 기우제는 또 있다. 호경마을 남자들은 가뭄이 들면 용호정과 육모정이 있는 용소에 돼지머리를 투척한다. 용이 가장 싫어하는 돼지를 용소에 투척하여 반감을 일으켜 비를 오게 하는 기우제이다. 돼지를 투척하기 전에 간단한 의례를 올리는데, 이 의례 또한 여성이 배제된 남성 중심의 의례이다. 제보에 의하면 용소에 투척한 돼지머리는 마을 아이들이 들어가서 주워 먹는다고 한다. 이렇게 제물로 사용된 음식을 마을 사람들이 먹는 행위는 다른 사례에서도 종종 발견된다.[34] 이런 행위는 제물로 사용된 음식을 남몰래 먹을 경우 복을 받는다는 의식에서 비롯되었다. 그리고 제물을 주워 먹는 주체는 대부분 어린 아이들이었다. 제물의 음식을 먹는 행위는 큰 맥락에서 음복으로 간주될 수 있으며, 음복은 신과 인간, 인간과 인간을 하나로 묶어주는 의례행위에 해당된다. 아이들은 음복행위를 통해서 기우제에 동참하였으며, 기우에 대한 공동체의 기원에 한 축을 담당하였다.

---

34) 임재해, 「민속신앙에서 발견되는 한국인의 자연관과 현대적 변용」, 『민속학연구』 제6호, 국립민속박물관, 1999, 129쪽

여성들이 용소에서 신체를 노출하고 물장구를 치는 행위는 여성 중심의 기우제라 할 수 있다. 여성을 통해서 용을 흥분시켜 비를 내리게 하는 의도이다. 여성들이 의례행위 주체가 되어 비를 관장하는 용과의 접촉을 시도했다는 것이며, 이를 통해서 가뭄이라는 위기 상황을 타개하고자 하였던 것이다.

호경마을 기우제는 가뭄이라는 비상시적 위급상황을 타개하기 위해서 마을 구성원 모두가 제 나름의 위치에서 노력하는 모습을 보여준다. 각 주체별로 형식을 달리하면서 기우제가 행해졌지만, 가뭄 타개와 비의 기원이라는 하나의 목표를 위해서 모든 구성원이 노력하였다. 이러한 노력이 기우제라는 큰 틀에 묶이면서 마을 공동체의 의식을 강화하는데 일조하였다.

민간신앙에 기초한 공동체 신앙은 과거부터 구성원들의 명확한 필요성에 의해서 행해졌다. 그리고 구체적 기능성이 명확할 경우 의례는 강화된다. 반면에 환경의 변화에 따라 공동체 신앙의 기능성이 현격히 떨어질 경우, 의례 또한 약화되거나 소멸된다. 기우제는 물을 염원하면서 비를 기원하는, 즉 현실적 기능성을 강하게 내재한 공동체 신앙이다. 과거와 달리 현재는 과학적인 수리시설이 구비되어 있어서 효과적인 물관리가 이루어지고 있다. 이러한 상황에서 기우제가 지닌 현실적 기능성은 많이 감소되었고, 가뭄이 발생하더라도 기우제는 행해지지 않는다. 그럼에도 불구하고 분명한 것은 과거 기우제는 비상시적으로 도래한 가뭄이라는 위기상황을 마을 공동체가 적극적으로 나서서 해결하고자 노력한 표지였다는 것이다. 호경마을은 주체별로 형식을 달리하여 기우제가 행해졌지만, 오히려 이러한 기우제가 마을 구성원 모두가 한 사람도 빠짐없이 위기상황에 대응하는 노력에 참여할 수 있는 기회를 제공하였던 것이다.

조탑과 솟대를 대상으로 행한 공동체 신앙은 마을 사람들이 공간을 점유하면서 항시적으로 노출된 문제에 대한 공동체의 대응 성격을 지니고 있다. 여기서 주목되는 점은 솟대에 있는 오리의 상징에 대한 마을 사람들의 해석이다. 오리에 대한 마을 사람들의 해석은 조탑과 솟대를 대상으로 행하는 공동체 신앙의 성격을 분석하는데 중요한 단편을 제공한다. 솟대에는 세 마리의 오리가 있는데, 두 마리는 밖을 향하고 있고, 한 마리는 안을 향하고 있다. 이에 대해 한 제보자는 오리가 밖으로 나가서 복을 물고 들어와서 안에서 똥을 싸라는 의미를 지니고 있다고 말했다.

호경마을은 형국상 길지이지만 위치상 문제를 노출하고 있다. 조탑은 이러한 문제를 방비하는 차원에서 세워진 비보장치이다. 조탑은 호경마을 사람들의 소극적 구복행위의 결과물이다. 반면에 솟대는 적극적인 구복행위를 상징한다. 그래서 솟대에는 호경마을 사람들의 공동체 운용의 강한 의지지향이 담겨있다. 만약 호경마을 사람들이 세속적 물욕을 추구했다면, 솟대의 오리를 통해서 돈이나 금을 요구했을 것이다. 그런데 왜 하필 똥이었을까? 풍수지리설에는 인간이 아무리 좋은 길지에 터를 잡고 살아도 스스로의 노력이 부가되지 않으면 복을 받을 수 없다. 길지의 복은 누대에 걸쳐서 적덕 행위가 뒤따라야만 성취할 수 있는 것이다. 그래서 길지에 삶의 터전을 마련한 사람은 복을 얻기 위해서 오랜 기간 많은 노력을 해야 한다.[35] 수많은 설화는 길지에 터를 잡은 마을 공동체들이 세속적인 물욕을 구

---

35) 임재해, 「풍수지리설의 생태학적 인식과 한국인의 자연관」, 『민속문화의 생태학적 인식』, 당대, 2002, 231~232쪽 참조.

하다가 망한 이야기를 하고 있다.[36) 이 설화들은 주어진 환경에 만족하지 못하고 세속적 물욕을 과하게 추구하면 안 된다는 경계적 메시지를 우리에게 보내고 있는 것이다.

호경마을 사람들이 솟대를 통한 적극적인 구복행위는 이러한 경계적 메시지를 함축하고 있다. 농경사회에서 똥이란 풍요를 예비하는 장치이다. 똥은 땅을 비옥하게 해서 농작물의 생산력을 배가 시킨다. 하지만 똥만으로 풍요를 성취할 수 없다. 똥으로 비옥해진 땅은 사람들의 땀이 더해져야 한다. 솟대의 오리가 가지고 온 똥은 호경마을 사람들의 협력과 노력이 더해질 때 빛을 발할 수 있다.

똥이 지닌 의미는 조탑과 솟대를 대상으로 행하는 공동체 신앙의 가치를 함축하고 있다. 풍수지리상 호경마을이 지닌 결핍은 관념상 마을 사람에게 심각한 위기의 문제로 인식된다. 하지만 호경마을 사람들은 이 문제를 하나의 기회로 이용한다. 호경마을 사람들은 풍수지리상의 문제를 통해서 공동체가 함께 살아갈 수 있는 발전적인 방향을 모색하였다. 그리고 이에 대한 답으로 공동체 간의 협력과 노력을 끌어냈던 것이다. 공동체 구성원간의 협력과 노력을 의미화해서 의례적으로 표현한 것이 바로 조탑과 솟대에 대한 공동체 신앙이다.

하지만 이 공동체 신앙 또한 구성원의 인식 변화에 따라 약화되고 있는 실정이다. 과거에는 2월 초하루에 조탑과 솟대를 대상으로 정기적으로 의례를 행하였다. 하지만 현재 조탑과 솟대에 대한 공동체 신앙은 비정기적으로 행하고 있다. 조탑에 세운 솟대가 썩어서 교체해야 한다고 판단되면, 2월 초하루에 솟대를 다시 세우면서 의례를 행하

---

36) 한정훈, 「입석에 대한 인식과 제의 양상 고찰」, 『호남문화연구』제47집, 전남대학교 호남학연구원, 2010, 285~286쪽.

였다. 의식과 관념의 쇠퇴가 의례의 쇠퇴로 나타나는 예라 할 수 있다.

산촌이라는 자연환경, 지리산의 역사적 특수성, 이성집단이라는 내적 특질이 복합적으로 혼효되어 호경마을의 특성을 형성하고 있다. 더불어 이러한 관계 속에서 다양한 문제가 배태된다. 사람들은 문제를 인지하면 그 문제를 해결하기 위해서 노력한다. 이러한 노력의 표현이 공동체 신앙이다. 우리는 공동체 신앙을 통해서 공동체가 지닌 문제점을 독해할 수 있다. 이러한 관점에서 우리는 호경마을이 지닌 문제점을 파악할 수 있었다.

호경마을이 지닌 문제점을 요약하면, 공동체 구성원의 관계적 측면에 대한 문제, 비상시적으로 도래하는 위기에 대한 문제, 상시적으로 노출되어 있는 공동체의 문제 등이 있다. 만약 이런 문제가 공동체를 유지하는 데 심각한 문제로 인식되지 않는다면, 마을 공동체는 일명 당산제라 불리는 마을신앙을 통해서 일괄적으로 해결하려고 했을 것이다. 당산제라 불리는 마을신앙의 신은 종합신적 성격을 지니고 있다. 하지만 여러 가지의 문제가 당산제로 해결하기 부족하다고 판단되면, 사람들은 전문화되고 특화된 기능의 의례를 동원해서 문제를 해결하려고 할 것이다. 사실 호경마을의 공동체 신앙은 이러한 사고에 기초해서 분화된 기능적 의례의 성격을 지니고 있다. 다양한 층위에서 발생한 문제들이 공동체 내부에서 강한 결핍을 지닌 문제로 인식되었던 것이며, 호경마을 사람들은 이를 분리해서 기능성을 강하게 내재한 전문적 의례로 해결하고자 하였던 것이다.

하지만 공동체 신앙은 어디까지나 공동체 구성원의 관념상 문제 해결이며 의지의 표현일 뿐이다. 결국 현실적이며 구체적인 층위에서 공동체 신앙은 집단이 맞닿고 있는 문제적 상황을 끊임없이 인식하게 하는 장치로 활용되며, 이러한 문제를 중심으로 공동체 구성원의 결속을 다지게 하는 매개로서 활용된다. 공동체 신앙의 현실적 목적은 바로 여기에 있다. 공동체 신앙은 구성원들이 상시적으로 결속하고 공동체를 유지·발전시켜 나가야 하는 당위성을 인식시켜주는 기능을 하는 것이다.

현재 호경마을의 공동체 신앙은 필요성과 기능성 측면에서 많이 약화되어 전승이 유보되거나 소멸된 상태에 있다. 하지만 과거에는 호경마을의 공동체 신앙이 이질적인 마을 구성원들에게 공동체 의식을 함양하고 하나로 묶어주는 중요한 장치로 활용되었다. 뿐만 아니라 공동체 신앙에 대한 기억이 마을 사람들의 인식 속에 내면화되어서 현재에도 공동체를 유지하고 발전시켜나가는 데 강한 힘으로 작용하고 있다.

4. 나오기

호경마을은 산촌이라는 자연환경과 지리산의 역사적 특수성, 다양한 성씨로 구성된 이성마을이라는 조건을 구비하고 있다. 이러한 조건들이 호경마을의 내적 특질을 형성하면서 다양한 문제를 파생시켰다. 호경마을 사람들은 그들이 지닌 다양한 문제를 공동체가 발전해 나갈 수 있는 기제로 활용하였다. 이에 호경마을 사람들은 문제들을 담론화할 필요가 있었는데, 담론화의 매개가 바로 공동체 신앙이었다. 다양한 층위의 문제들이 정기적으로 행해진 공동체 신앙을 통해서 시기별로 인지되었다. 또한 비상시적 문제가 발생할 경우 주체별

로 대응할 수 있는 다양한 형식의 공동체 신앙을 마련하여 공동체 구
성원들이 문제를 해결해 나갈 수 있게 하였다. 마을 구성원들은 이러
한 방식으로 공동체가 지닌 문제를 항시적으로 인식하게 되었고, 집
단차원의 문제에 대한 해결 모색 과정은 공동체 의식을 강화하는 기
능을 했다.

비록 현재 호경마을의 공동체 신앙이 잔존문화의 성격을 지니며
유지되기도 하고, 점멸문화가 되어 과거의 기억으로 남아있기도 하
다. 하지만 공동체 신앙이 변화하고 소멸되었지만 그 신앙적 실천이
지닌 현실 지향적 의미들은 주민들의 의식 속에 내면화되어 현재의
생활 속에서도 무의식적으로 발현되고 있다.

이상으로 호경마을의 공동체 신앙이 지닌 모습과 의미에 대해서
살펴보았다. 호경마을에서 행한 공동체 신앙은 마을 차원에서 뿐만
아니라 한국의 산촌문화를 연구하는 데 중요한 자료라 할 수 있다.
호경마을에서 전승됐거나 전승되고 있는 공동체 신앙을 주의 깊게
관찰하고 조사한다면, 과거와 현재를 넘어서 미래의 산촌을 그려볼
수 있는 중요한 계기가 될 것이라 생각된다.

■ 저자 소개

김아네스 : 서강대학교 사학과를 졸업하고 동 대학원에서 박사학위를 취득하였다. 현재
순천대학교 지리산권문화연구원 HK교수로 재직하고 있다. 저서로『장희빈, 사
극의 배반』(공저), 『질문하는 한국사』(공저) 등이 있으며, 「고려시대 산신 숭배
와 지리산」, 「지리산 산신제의 역사와 지리산남악제」, 「고려시대 개경 일대 명
산대천과 국가 제장」 등 다수의 논문이 있다.

최원석 : 서울대학교 지리학과를 졸업하고 고려대학교에서 박사학위를 취득하였고, 현
재 경상대학교 경남문화연구원 HK교수로 재직하고 있다. 저서로는『한국의 풍
수와 비보』, 『지리산과 인문학』(공저) 등이 있으며, 「조선시대의 명산과 명산문
화」, 「한국의 산 연구전통에 대한 유형별 고찰」, 「산지(山誌)의 개념과 지리산의
산지(山誌)」 등 다수의 논문이 있다.

김봉곤 : 전남대학교 사범대학 국사교육과를 졸업하고 전남대학교 인문대학원에서 석사,
인국학중앙연구원 한국학대학원에서 박사학위를 취득하였다. 현재 순천대학교
지리산권문화연구원 HK연구교수로 재직하고 있다. 저역서로는『조선사회 이
렇게 본다』(공저), 『지리산과 인문학』(공저), 『섬진강 누정산책』(공저) 등이 있
으며, 「16세기 지리산권 유학사상」, 「19世紀 畿湖學界의 學說分化와 論爭」, 「한
말 지리산권 근대학교 설립운동」 등 다수의 논문이 있다.

강정화 : 국립경상대학교 한문학과를 졸업하였고, 동 대학원에서 박사학위를 취득하였
다. 현재 경상대학교 경남문화연구원 HK교수로 재직하고 있다. 저역서로는『지
리산 인문학으로 유람하다』, 『선인들의 지리산 유람록 1-6』(공역), 『남명과 지
리산 유람』이 있으며, 「누정기에 나타난 하동 누정의 공간 인식」, 「지리산 유람
록으로 본 최치원」, 「한말 지식인의 지리산 유람」 등 지리산 관련 다수의 논문이
있다.

김기주 : 계명대학교 철학과를 졸업하고, 臺灣 東海大學에서 박사학위를 취득하였다. 현
재 순천대학교 지리산권문화연구원 HK교수로 재직하고 있다. 저역서로는『영
남의 학맥 1』, 『심경부주와 조선유학』(공저), 『심체와 성체 1』, 『유교와 칸트』
(공역) 등이 있으며, 「기발리승일도설로 본 기호학파의 3기 발전」, 「이상사회에
서의 일과 노동」, 「공자의 정치적 이상사회, 정명의 세상」 등 다수의 논문이
있다.

전병철 : 계명대학교 국어국문학과를 졸업하고 경상대학교 대학원에서 박사학위를 취득
하였다. 현재 경상대학교 경남문화연구원 HK교수로 재직하고 있다. 저역서로

는『송정 하수일』,『하동 유학의 맥』,『남명선생편년』(공역) 등이 있으며, 「대산 이상정 성리설의 회통적 성격」, 「『논어』'요산요수'장에 관한 조선시대 학자들의 해석과 내재적 수양론」 등 다수의 논문이 있다.

한정훈 : 전남대학교 국어국문학과를 졸업하고 동 대학원에서 박사학위를 취득하였다. 현재 전남대학교에서 강의하고 있으며, 순천대학교 지리산권문화연구원 객원 연구원으로 재직하고 있다. 저서로는『현암 이을호 연구』(공저),『백발의 '소년 빨치산' 김영승』(구술자료집) 등이 있으며, 「구술생애담, 기억의 재현과 주체의 복원」, 「한 여성 빨치산 구술생애담을 통해서 본 정체성의 서사」, 「입석에 대한 인식과 제의 양상 고찰」 등 다수의 논문이 있다.